书山有路勤为径,优质资源伴你行
注册世纪波学院会员,享精品图书增值服务

项目管理核心资源库

PROJECT BASED PROBLEM SOLVING AND DECISION MAKING
A GUIDE FOR PROJECT MANAGERS

[美] 哈罗德·科兹纳 著 ｜ 高志恒 译
（Harold Kerzner）

项目经理指南
基于项目的问题解决和决策制定

电子工业出版社
Publishing House of Electronics Industry
北京·BEIJING

Project Based Problem Solving and Decision Making: A Guide for Project Managers by Harold Kerzner
ISBN: 9781394207831

Copyright © 2024 by John Wiley & Sons, Inc.

All Rights Reserved. This translation published under license with the original publisher John Wiley & Sons, Inc. Copies of this book sold without a Wiley sticker on the cover are unauthorized and illegal.

Simplified Chinese translation edition copyrights © 2024 by Publishing House of Electronics Industry Co., Ltd.

本书中文简体字版经由 John Wiley & Sons, Inc. 授权电子工业出版社独家出版发行。未经书面许可，不得以任何方式抄袭、复制或节录本书中的任何内容。若此书出售时封面没有 Wiley 的标签，则此书是未经授权且非法的。

版权贸易合同登记号　图字：01-2024-2137

图书在版编目（CIP）数据

项目经理指南：基于项目的问题解决和决策制定 /（美）哈罗德·科兹纳（Harold Kerzner）著；高志恒译. 北京：电子工业出版社，2024.9. -- (项目管理核心资源库). -- ISBN 978-7-121-48714-9

Ⅰ. F224.5

中国国家版本馆 CIP 数据核字第 20242SR002 号

责任编辑：卢小雷
印　　刷：涿州市京南印刷厂
装　　订：涿州市京南印刷厂
出版发行：电子工业出版社
　　　　　北京市海淀区万寿路 173 信箱　邮编：100036
开　　本：720×1000　1/16　印张：12.5　字数：198 千字
版　　次：2024 年 9 月第 1 版
印　　次：2024 年 9 月第 1 次印刷
定　　价：68.00 元

凡所购买电子工业出版社图书有缺损问题，请向购买书店调换。若书店售缺，请与本社发行部联系，联系及邮购电话：（010）88254888，88258888。

质量投诉请发邮件至 zlts@phei.com.cn，盗版侵权举报请发邮件至 dbqq@phei.com.cn。
本书咨询联系方式：（010）88254199，sjb@phei.com.cn。

译者序

随着项目管理的不断发展，项目管理的环境也在不断地发生着变化，我们越来越意识到项目管理的理论也要与时俱进。在对项目管理进行解构时，我们发现，解构的逻辑可以多种多样，例如，以项目管理的原则与绩效域为主线，以项目管理的过程组与过程为主线，以项目管理的绩效域管理为主线，等等。这种解构通常会以一个能够串联预测型、适应型（敏捷）或混合型项目管理开发方法的主线展开。

哈罗德·科兹纳是项目管理理论与实践领域的领导者，出版过多部经典著作。本书很有特色，以"基于项目的问题解决与决策制定"为主线，串联了项目管理过程中的各种知识、理念与思考。

在刚接到翻译工作时，我十分惊讶，"问题解决与决策制定"的描述在《PMBOK®指南》中只有寥寥数语，难道这也能写成一本书？然而，在翻译的过程中，我发现"问题解决与决策制定"可涵盖众多内容，完全可以作为一条主线，将项目管理过程中的问题处理工作串联起来。

事实上，我们在项目管理实践中经常会遇到各种各样的问题，并需要尽快解决这些问题。不过，很少有人会为问题解决制定一整套方法论，同时，大多数组

译 者 序

织也缺乏标准化的问题解决流程。幸运的是，本书对此提供了许多宝贵的建议，而且这些建议都是基于项目管理的实际情况提出的。对于项目经理来说，本书是一本不可或缺的随身手册。

谈到决策，任何一位项目经理，包括我自己，每天都要进行大量的工作决策。有趣的是，很多决策看起来只有一些非常细微的差异，但是决策的结果可能天差地别。因此，在决策过程中，项目经理的直觉、信息的收集与分析、对决策方向的把控都是非常重要的。例如，有时，需要掌握非常可靠的信息才能做出决策，还有时，决策的速度可能比决策的正确性更重要。因此，项目经理要想在项目管理过程中做出正确的决策，必须对决策的方法、决策时的领导力、决策的类型等有一定的了解。

在本书中，作者提出了很多高价值的观点（堪称"金句"），在这里提前先和各位读者分享一下。

- 金句1："如果决策者不积极决策，拖延时间，那么在拖延期间将大量消耗组织资源。过于慎重的决策实际上等于没有做决策，这种决策会导致资源将和以往一样被消耗，干系人关心的事项也往往被忽略。"

在项目管理的实践过程中，没有任何决策是在获取所有有效信息的情况下做出的，因此项目经理必须积极决策。如果在决策时过于拖延，这是对组织资源的巨大浪费。

- 金句2："如今，项目经理认为，他们正在管理的不仅是一个项目，还是业务的一部分。"

项目经理必须与组织的目标保持一致，甚至具备良好的商业敏锐度，这既是对新时代项目经理的要求，也是项目经理岗位的重要价值。

- 金句3："在大多数组织中，项目经理不对员工进行正式的绩效评估。员工的绩效只会在考核其绩效的系统中得到改善。"

项目经理的权力是一个老生常谈的问题，项目经理应该有权做出一些重要的决策，并通过发挥领导力来使员工全身心地投入项目。

- 金句4："高管在战略项目中的参与度可能与在传统项目中的参与度有明显不同。高管对某些项目可能有隐藏的动机，这些项目可能影响他们的职业生涯或未来的期望。他们的兴趣可能只体现在某些项目上，而不是整个战略项目组合。"

在干系人的管理中，项目经理如果能够更好地识别出干系人的隐藏动机，则可能会更"对症"地管理好干系人的期望。

- 金句5："有些人不想识别问题，希望在别人发现之前由自己解决这些问题。对于制造问题的人，这种想法是理所应当的，因为他们担心自己制造的问题会影响他们的绩效结果。"

对问题的掩盖会导致问题被不断放大，项目经理要识别出这种隐藏动机，尽量拿到一手的数据，而不要只听进度汇报。

类似的金句在本书中频频出现，这些都是科兹纳先生在项目管理中的深刻洞见，希望大家在读此书时也能够和我一样偶尔共鸣。感谢您的阅读。

对于本书的翻译，我首先要感谢光环国际的任倩老师与李萌萌老师，两位老师慧眼独具，发掘好书。还要感谢我的家人，没有他们的支持，我也不会在春节放假期间还有闲暇进行翻译工作。同时，感谢电子工业出版社的卢小雷编辑，他的专业指导给了我很大的启发。最后，感谢我的好友王钊，他的协助使我的翻译效率大幅提升。

高志恒
2024年7月于深圳

前言

　　由于疫情等因素，项目经理的工作环境在过去几年发生了显著变化。项目变得更加复杂。新的内部和外部力量影响着问题的解决方式。在客户和干系人的心目中，进度和成本的重要性已达到新的高度。客户希望看到他们投资的项目的价值。所有这些都给项目经理在识别和解决问题方面带来了新的挑战。如今情况变得更加复杂，项目经理在管理项目时也被视为在管理业务的一部分，并且需要做出涉及项目和业务的决策。

　　决策不再是一个人的事情，项目经理应该组建问题解决和决策制定的团队。大多数项目经理从未接受过问题解决、头脑风暴、创造性思维技巧和决策制定方面的培训。他们把经验当作最重要的老师。虽然依靠经验看似合理，但如果项目经理只能从自己的错误（而非其他人的经验）中来吸取教训，这可能带来灾难性的后果。令人遗憾的是，许多公司不愿意在这些培训课程上投入哪怕是一小部分培训预算。

　　市面上有许多关于问题解决和决策制定的书籍，但它们常从心理学的角度来

前　言

探讨问题，这些探讨并不总是与项目经理和项目集经理相关。在本书中，我试图提炼出对项目经理真正有用的问题解决和决策制定的核心概念，并帮助他们更好地完成工作。

有些书籍使用术语"问题分析"而不是"问题解决"。问题分析可以解释为简单地观察问题并收集事实，但不一定为以后的决策制定备选方案。在本书中，"问题解决"一词贯穿始终，它反映了对备选方案的识别。

在读完本书后，希望你能够更好地理解和领会问题解决和决策制定。

有关项目管理、问题解决和决策制定的研讨会和网络研讨会，可以联系劳瑞·米尔黑文（Lori Milhaven，国际学习集团战略项目执行副总裁）。

哈罗德·科兹纳
国际学习集团高级执行总监

目 录

第1章　理解概念　// 1

第2章　项目环境对问题解决的影响　// 8

第3章　理解问题　// 42

第4章　数据收集　// 55

第5章　会议　// 61

第6章　开发备选方案　// 73

第7章　问题解决的创造力与创新　// 82

第8章　问题解决的工具与技术　// 88

第9章　与决策制定相关的概念　// 104

第10章　决策制定的工具　// 133

第11章　预估影响　// 149

第12章　有效倾听或积极倾听的必要性　// 158

第13章　障碍　// 162

附录A　使用《PMBOK®指南》　// 181

延伸阅读　// 189

第 1 章
理解概念

问题解决和决策制定的必要性

我们在日常生活中被迫做出各种决策。我们必须决定吃什么、穿什么、去哪里、什么时候去，甚至与谁交往。我们一天可能会做出30个或更多的决策。有些决策，如个人投资决策，可能至关重要，而有些决策可能只是例行公事。大多数决策是我们独自做出的，并且通常我们也相信自己做出的决策是正确的。对于某些决策，我们需要花费大量时间进行深入的思考。

可一旦我们处于工作场所，决策过程就会发生变化。我们必须让很多人参与这个过程；有些人我们以前可能从未见过或合作过。决策的结果可能影响很多人，其中许多人可能对结果不满意。错误的决策可能给企业带来灾难性的后果。对这个决策不满意并且不理解的人可能将你视为敌人而不是朋友。

当做出个人决策时，我们通常采取"让我们接受它"的态度。如果决策是错误的，我们可以尝试改变它。但在商业环境中，改变决策可能带来巨大的成本。

第 1 章 理解概念

有些商业决策是不可逆转的。

在商业环境中，有一件事是确定的：那些总是做出正确决策的人可能是因为他做出的决策不够多。期望总是做出正确的决策其实是不切实际的想法。

问题解决和决策制定密不可分。在面临问题并需要做出选择时，我们就会做出决策。一般来说，必须先有一个问题，然后我们才能做出决策。但有一个强有力的论点认为，在识别问题和制定备选方案的过程中，就需要了解和使用决策制定过程。这就是大多数书籍将问题解决和决策制定一起讨论的原因。

问题和机会

问题解决通常始于问题的识别。问题需要被识别、分析和解决。在生产过程中未能达到产品质量标准是一个问题。在生产过程中出现库存短缺是一个问题。为项目分配的资源缺乏必要的技能也是一个问题。对于聪明的管理者而言，如果积极地看待这些问题，它们可以成为机会，而不仅仅是问题。

并非所有问题都需要解决方案。如果你缺乏足够的资源来维持进度计划，高级管理层可能会允许进度计划的推迟，而不是使用额外的资源或从具有更高优先级的其他项目中重新分配资源。

机会是促进进步或发展的有利时机。如果一家公司未能生产出高质量的产品，那么存在以下提高产品质量的机会：

- 审查产品设计流程；
- 分析制造工程标准；
- 评估质量检验技术；
- 评估制造管理的充分性；
- 调查制造人员执行质量政策和程序的动机与承诺。

问题和机会之间的区别取决于观察者。然而，应该区分问题和机会。管理顾问大卫·B.格莱西（David B. Gleicher）通过以下方式区分了这两个术语："问题是危及组织实现其目标的能力的事物，而机会是提供超越目标的时机的事物。"

彼得·德鲁克（Peter Drucker）明确指出，组织和管理成功的关键是机会而非问题。他观察到，解决问题只是恢复了正常状态，但结果必须来自对机会的利用。他将利用机会与找到正确的事情做并集中"资源和努力"联系在一起。

识别问题或机会是包括项目经理在内的所有管理者的关键活动。成功的管理者不会等待其他人告诉他们该做什么，他们必须自己找到解决问题的方法。

有一些早期警告信号和情境可以提醒管理者可能存在的问题或机会，例如，当项目团队的表现与过去不同时；当由于偏离现有计划而出现问题，并且之前没有历史记录时；当竞争对手的表现超过你的组织时。

基本决策制定过程中的研究技术

在问题解决和决策制定的过程中，人们的表现是一个可以从多个视角进行研究的重要课题。在这个领域，人们已经进行了大量的研究，大部分结果基于四个视角：

- 心理学视角；
- 认知视角；
- 规范视角；
- 问题解决视角。

从心理学视角来看，有必要在一系列需求、个体偏好和期望的价值观的背景下审视个体的决策。从认知视角来看，决策制定过程是一个与环境互动的连续过程。从规范视角来看，需要分析个体决策制定的逻辑性和合理性，以及它导致的一成不变的选择。

然而，在另一个可能与项目环境更密切相关的层面上，可以将决策制定视为一个问题解决活动，当找到令人满意的解决方案时，活动就终止了。因此，决策制定是一个推理和/或情感过程，可以是理性的或非理性的，可以基于明确的假设

第 1 章　理解概念

条件或隐含的假设条件。通常很难将决策制定与问题解决分开。然而，两者都涉及在各种备选方案中进行选择。在项目管理环境中，我们可以认为在决策制定的过程中，所有四个视角都以某种方式相互作用，但本书的重点将聚焦于问题解决视角。

问题解决和决策制定的一些事实

在讨论问题解决和决策制定时，需要考虑以下事实或观点：

- 当前的商业环境比以往更加复杂，因此要解决的问题和要做出的决策也更加复杂；
- 问题解决技巧不仅用于解决问题，还用于利用机会；
- 如今，我们似乎被信息淹没，达到了信息过载的程度，无法辨别实际需要的或对解决问题有用的信息；
- 在讨论问题的技术层面时，中低级管理层通常能展现其价值，高级管理层在了解问题（及其解决方案）与整体业务的关系及对事业环境因素的影响方面更能展现其价值；
- 如今，问题解决是一项核心能力，然而大多数公司为员工在问题解决和决策制定方面提供的培训很有限；
- 项目团队可能由众多的主题专家组成，但这些人可能不具备创造力，也无法创造性地思考解决问题的方法；
- 引发问题的人可能无法解决这个问题；
- 很少有人了解创造力与问题解决之间的关系。

谁做决策

问题解决和决策制定可能并不是由同一个人来完成的。例如，项目经理可能会要求项目团队协助确定解决问题的备选方案，或者项目经理可能独自执行这些活动。然而，关于采取哪些备选方案的决策可能最终由高管、项目团队、职能经理或干系人做出。因此，在本书中，当讨论决策时，我们使用"管理者"这个词表示做决策的人，它可能代表除项目经理以外的其他人。通常，参与决策的人是将受到决策影响的人。

信息过载

今天，似乎每个人都能获得大量信息。由于信息系统技术的进步，我们似乎都遭受了信息过载的困扰。我们的主要问题是能否辨别哪些信息是关键的，哪些信息应该被丢弃或存档。

为了简单起见，信息可以分为主要信息和次要信息。主要信息是我们可以直接获取的信息，如能从我们的台式机或笔记本电脑上直接访问的信息。公司的敏感信息或专有信息可能有密码保护，但仍然可以访问。

次要信息是指必须从他人那里收集的信息。即使在信息过载的情况下，项目经理通常也没有掌握问题解决和及时做出决策所需的所有信息。这主要是因为项目的复杂性及待解决的问题的复杂性。我们通常依赖问题解决团队为我们提供次要信息。次要信息对于决策而言通常比主要信息更为关键。在许多情况下，次要信息由专业领域的专家掌握，我们必须依靠他们来告诉我们哪些信息与这个问题直接相关。

收集信息，无论是主要信息还是次要信息，都可能是相当耗时的。信息过载通常迫使我们花费大量时间搜索信息，而这些时间本应花在问题解决上。

获得正确的信息

项目经理面临的挑战不仅是获取信息，而且要及时获取正确的信息。有时，

第1章　理解概念

项目经理需要的信息，特别是次要信息，可能被不属于项目或问题解决团队的人员所掌握。例如，与政治、干系人关系管理、经济状况、资本成本及其他事业环境因素相关的信息可能被高级管理层或干系人所掌握。

及时性至关重要，项目经理应该有权与他们需要交谈的任何人直接交谈，以获取解决问题的必要信息。始终通过指挥链（社会学术语，是指从组织高层延伸到基层的这样一条职权线，它界定了谁向谁报告工作，能帮助员工回答"我遇到问题时向谁请示""我对谁负责"这类问题。——译者注）的方式获取信息会产生问题并浪费宝贵的时间。信息通常被视为权力的源泉，这也是有时必须在某些公司中遵循指挥链的原因之一。

在公司的每扇门背后都隐藏着某种信息。项目经理必须能够在需要的时候打开这些门。如果项目经理无法进入这些门，那么有两个选择：遵循指挥链并确保信息在传递到项目经理手中时没有被过滤，或者邀请掌握这些信息的人参加问题解决会议。根据掌握信息的人在组织层级结构中的位置来确定他们参加会议的可能性或意愿。他们在组织中的层级越高，短期内参加会议的可能性就越小。项目经理获取信息的能力至关重要。

信息缺乏

尽管我们面临信息过载并可以获得次要信息来源，但并不能保证我们会立即获得所需的所有信息。需要做决策的人必须接受这样一个事实，即他们手头上通常不会拥有所需的所有信息。这种情况可能发生在所有管理层级上，而不仅仅是在项目中。我们必须基于当时拥有的信息做出最佳决策，即使信息是不完整的。

我们经常过分依赖指挥链来获取解决问题所需的信息。如果人们认为"信息即权力"，那么获取所需信息可能会成为一个问题，特别是当他们隐瞒了一些信息时。由于项目制约因素至关重要，因此时间不一定是奢侈的资源。项目经理必须有权力或权限来接触那些拥有信息的人。当然，这假定了项目经理知道信息存储的位置。这有时是更大的挑战，特别是当所需的信息在公司内部找不到时。我们必须走出公司以获取关键信息。

问题解决通常基于可用的最佳信息。拥有做决策所需的所有信息是不切实际的想法。

问题讨论

1. 为什么必须将问题解决和决策制定放在一起讨论？
2. 你如何区分问题和机会？是否可以制定区分的规则？
3. 当竞争对手的表现超过你的组织时，这是一个问题、一个机会，还是两者兼而有之？
4. 将问题解决视为未来项目经理的"核心能力"，为什么这一认知没有更早产生？
5. 在未来，项目经理独立做决策的行为会更多还是更少？原因是什么？
6. 主要信息和次要信息之间有何区别？
7. 为什么项目经理会在获取正确信息的及时性方面面临挑战？

参考资料

Cleland, D.I. and Kerzner, H. (1986). *Engineering Team Management.* New York: Van Nostrand Reinhold, p. 229.

Drucker, P.F. (1964). *Managing for Results.* New York: Harper & Row, p. 5.

Stoner, J.A.F. (1982). *Management,* 2. Englewood Cliffs, N.J.: Prentice-Hall, pp. 166–167.

第 2 章
项目环境对问题解决的影响

理解项目环境

有些活动项目团队必须执行。团队管理过程中的两项关键活动包括：对需要做的活动进行决策，然后执行这些活动。在本章中，我们将探讨在项目环境中进行管理时的决策制定过程。

决策是指当资源可用于实现组织目标的情况下，在多个备选方案中选择其中一个方案的行为或过程。在传统项目的决策过程中，决策者通常是团队成员或分配给团队的专家，他们执行以下活动：

- 评估当前的环境和情况；
- 评估决策实施时的环境和情况；
- 分析决策将如何影响对决策结果感兴趣的"干系人"；
- 选择决策实施的策略。

决策是这样一个过程，通过对备选方案的评估，然后选择一个行动方案作为问题、机会或事项的解决方案。团队决策与团队和组织规划要素（使命、具体目标、宏观目标和战略）密不可分。在项目团队活动背景下，每个重要决策都应该帮助团队成员确定：

- 应该做什么？
- 如何去做？
- 谁来做？
- 为什么这样做？
- 什么时候做？
- 在哪里做？

只有通过决策制定过程，团队才能确定未来的行动。决策制定过程是一种理性尝试，旨在实现目标结果。决策制定包括资源的积极和消极使用。

积极决策是通过充分考虑现有的使命、具体目标、宏观目标和战略，有效和高效地利用资源而做出的。消极决策同样消耗资源。如果决策者不积极决策，拖延时间，那么在拖延期间将大量消耗组织资源。过于慎重的决策实际上等于没有做决策，这种决策会导致资源将和以往一样被消耗，干系人关心的事项也往往被忽视。

干系人是在某种程度上为决策做出贡献或从中受益的个人、组织或机构。一个产品设计团队的干系人可能包括与制造、可靠性、质量控制和设计相关的工程师，以及来自客户服务、市场营销和生产控制部门的代表。这些专家以及他们所代表的组织都具有在产品设计方面相关决策的切实和合理的利益。项目团队负责人做出决策需要干系人的参与，这是因为决策必须通过以下过程实施：

- 授予适当的权力和责任；
- 分配人力和非人力资源，以支持决策；
- 给予决策可执行的承诺；
- 设计监督和控制系统，如挣值管理系统（Earned Value Management System，

EVMS），以确定决策是否实现了期望的结果。

现代组织中的关键决策受到法律、政府法规、环保主义者以及以下人员或组织的影响：

- 竞争对手；
- 供应商；
- 客户；
- 集体谈判单位（通常指工会）；
- 员工；
- 股东；
- 债权人；
- 当地社区；
- 专业协会。

因此，决策者应始终注意这些干系人如何接受关键决策，因为干系人对解决问题或抓住机会的决策结果有既得的利益。

项目与业务的问题解决和决策制定

如今，项目经理认为，他们正在管理的不仅是一个项目，还是业务的一部分。因此，项目经理不仅要做出项目决策，还要做出业务决策。然而，项目决策与业务决策之间存在一些差异：

- 项目决策聚焦于达到基准要求、验证标准和验收标准，而业务决策聚焦于市场份额、盈利能力、客户满意度和复购率；
- 项目决策仅涉及项目团队，而业务决策可能涵盖营销、销售和高级管理人员。
- 项目决策使用多种工具，而业务决策主要使用财务工具，如投资回报率、净现值、内部收益率和现金流分析。

- 项目决策聚焦于项目绩效和可交付物，而业务决策聚焦于财务绩效、业务收益和商业价值的创造。
- 项目决策的结果很快就会显现，而业务决策的结果可能需要数年时间才会显现。
- 项目的问题解决是为了维持基准，而业务的问题解决则聚焦于业务战略的调整或变更。

项目管理环境下的问题解决和决策制定

在理解项目管理环境下的决策制定之前，我们需要先了解项目管理环境与传统工作环境之间的差异。项目管理环境是指项目人员、工具、过程和日常业务工作之间的互动，这些日常业务工作是指为了公司和项目的生存所做的必要工作。项目管理活动是保持业务运转所必需的正在进行的业务活动中的次要活动。由于许多项目存在较高的风险，而且一些最好的资源被分配给了业务活动，因此许多项目的决策可能是次优的甚至是无效的。

在项目管理环境中，还有其他因素使决策制定变得非常复杂：

- 项目经理只有有限的决策权，或者根本没有决策权，即使这些决策可能对项目成果产生重大影响。
- 项目经理没有权力调用项目团队成员；团队成员由职能经理分配，分配通常经过较长的谈判过程。
- 项目团队成员无法直接做出决策。他们的所有决策都需要得到职能经理的批准。
- 没有职能经理的帮助，项目经理无权移除表现较差的团队成员。
- 项目团队成员的薪资由职能经理管理，而非项目经理。因此，如果团队成员做出了错误的决策，项目经理可能没有惩罚的权力。
- 团队成员可能兼任其他项目的工作，项目经理无法确保项目团队成员及时为你的项目工作。

由于项目经理的权力有限，项目经理只能制定备选方案和提出建议。然后，把这些备选方案和建议带到高级管理层或项目发起人那里，以做出最终决策。然而，一些人认为，项目经理应该有权做出不改变项目可交付物或不改变制约因素和基准的决策。

制约因素对项目问题解决和决策制定的影响

大多数项目的边界是在项目启动时施加给项目团队的制约因素。几十年来，项目经理在做出决策时主要关注进度、成本和范围3个制约因素。但在当今环境下，项目更加复杂，许多项目的制约因素远不止3个。其他制约因素可能包括：

- 质量；
- 安全；
- 风险；
- 对其他项目的影响；
- 对持续进行的或日常的工作的影响；
- 客户满意度；
- 干系人满意度；
- 能力限制；
- 可用资源的限制；
- 可用资源质量的限制；
- 政府法规的遵守；
- 公司形象及声誉；
- 维持商誉的成本；
- 保持道德行为；
- 对企业文化的影响。

简而言之，以上所有的制约因素都对决策制定造成严重的干扰。进度制约因素对决策制定的影响最大。时间是宝贵的。在这种情况下，项目经理只能根据部分信息做出相应的决策。根据完整的信息做出决策的情况对于项目团队来说非常少见。更糟糕的是，在某些项目上，我们对决策导致的影响知之甚少。

假设条件对项目问题解决和决策制定的影响

在项目的初始阶段，项目团队不仅需要知道项目制约因素是什么，还需要知道假设条件是什么。这些假设条件与项目的事业环境因素相关。通常，项目章程或商业论证中列出假设条件，但清单中也只包含部分假设条件。

更糟糕的是，假设条件在项目的生命周期内会发生变化。项目持续时间越长，假设发生变化的可能性就越大。优秀的项目经理会建立指标来跟踪假设条件是否发生变化。在项目进行的过程中，尤其是时间较长的项目中，可能会变化的假设条件包括：

- 项目的借款和融资成本将保持不变；
- 采购成本不会增加；
- 技术突破将按计划发生；
- 具有必要技能的资源将在需要时可用；
- 市场将欣然接受该产品；
- 我们的竞争对手不会迅速赶上我们；
- 风险较低且很容易减轻；
- 项目所在国家的政治环境不会改变；
- 母公司的领导层不会发生变化。

假设条件存在错误，意味着可能出现错误的结论、糟糕的结果、差劲的决策和不满意的客户。解决假设条件错误的最好方法是在项目启动时做好规划，包括制定风险减轻策略和结构化的方法，以做出复杂决策以及处理假设条件变更。

第 2 章　项目环境对问题解决的影响

假设条件对于解决问题时备选方案的选择具有重大影响。基于错误的假设条件选择备选方案可能对项目产生不利影响。

理解项目环境的复杂性

到目前为止，与项目环境中的决策制定和问题解决相关的问题已经清晰。一些重要的因素包括：

- 项目面临着许多制约因素；
- 项目制约因素在项目生命周期内的相对重要性会发生变化，并会出现新的制约因素；
- 项目初始的假设条件在项目开展过程中可能不再有效；
- 即使项目章程中列出了一些制约因素，项目经理可能也不了解所有的制约因素；
- 项目经理很可能在问题所在的领域没有专业技术知识；
- 项目团队成员在问题所在的领域可能同样没有专业技术知识；
- 即使没有完整信息，项目经理和团队也要及时做出决策；
- 客户及所有干系人可能不同意最终决策；
- 期望决策永远正确是一种不切实际的想法。

选择正确的项目经理

选择正确的项目经理至关重要。一般来说，项目越复杂，问题发生的可能性就越大，针对这些问题，项目团队需要做出艰难的决策。遗憾的是，并非所有的项目经理都具备问题解决和决策制定的技能，在项目启动阶段也很难识别这些技能对项目的重要程度。有些项目经理擅长执行项目，但不擅长解决问题。项目经理可以通过项目上累积的历史经验来掌握这些技能。这些技能很难在课堂上传授。

选择具有正确领导风格的项目经理也非常重要。有些项目要求团队能够承担风险，保持创造力，并能应用创新。遗憾的是，创造力和创新在项目开始时并不必要，可问题一旦出现，它们就变成了必要的要求。

有些公司维护着一个技能清单数据库。在每个项目结束时，项目团队成员必须填写调查问卷，然后这些问卷将用于更新技能清单数据库。调查问卷的问题包括创造力、问题解决、创新和决策制定的能力评估。一个新的项目会从技能清单数据库中选择与项目需求相匹配的个人。

疫情对项目管理的影响

2020年，疫情肆虐，全球很多人受到了影响。各行各业的公共部门、私营部门和政府领导人往往需要在极短的时间内迅速应对危机。所有这些都发生在一个快速变化的VUCA［易变性（Volatility）、不确定性（Uncertainty）、复杂性（Complexity）和模糊性（Ambiguity）］环境中，这种环境具有高度的风险和不确定性，并伴随着用于决策制定的有效信息的缺乏。

应对危机需要迅速实施许多项目，并且没有足够的时间使用传统的项目管理工具、技术和过程。危机也影响了项目管理领导力实践，特别是关于领导力应用方式以及决策制定方法的实践。在以前执行传统和非传统项目时，大多数项目团队从未接受过如何处理这种危机的培训。在疫情中产生了很多最佳实践，这些最佳实践现在正应用于各种类型的项目中。

这场疫情改变了人们对项目领导力中加速变革的人类行为的认知和需求。以下特征现在成了最佳实践，并正在成为项目管理教育计划的一部分。

信任

项目管理领导力中的一个最大挑战是让团队成员相信项目经理所做的决策基于诚实、公平和考虑到项目和员工最大利益的道德实践。信任将鼓励员工更积极地参与项目，并使项目经理更容易获得他们的承诺。如果项目经理以不道德的方式行事、滥用职权或对团队表现出有害的情绪，信任可能会被破坏。

疫情使员工面临更大的压力。许多员工很快意识到他们的工作变得更加复杂，同时还要适应居家办公。对于许多员工来说，在虚拟团队中工作是一种新的体验。现在更加依赖项目经理为团队成员提供日常活动的指导，并让他们了解公司在危机期间的业务恢复的情况，尤其是在出现封控的情况下。通过有效合作建立信任现在已经被视为最佳实践。

为了建立和维护信任，项目管理领导层必须持续地为团队提供情感和人际关系的支持。这对于许多项目经理来说是一种新的体验，他们开始意识到获得员工信任和影响力的重要性。

沟通

在危机期间，领导层必须专注于说服员工，而不是使用正式权力强迫员工。最好通过有效的沟通来实现说服。应该使用积极倾听实践，辅以情商的概念和同理心，以了解员工的关切。

当团队成员长时间居家远程办公时，他们依赖远程的互动和参与来了解危机期间发生的事情。远程互动期间的不确定性越大，员工就越焦虑。

项目经理必须放弃信息即权力的观念，并提高信息的透明度。这些信息应该提供一个清晰且现实的观点，说明目前正在发生的事情，以及对未来的乐观预期。这正在成为所有项目的最佳实践。

决策制定

在传统项目的决策制定过程中，项目经理通常采取等待和观望的态度，并认为必须考虑所有可能的情况，包括最坏的情况。遗憾的是，以上所有这些都需要时间。在危机期间，延迟或不及时做出决策通常会错过项目机会，导致比预期更糟糕的结果。决策延迟的后果是，员工对项目经理的领导能力不再信任。

疫情教会我们，就算信息不完美或不完整，我们也必须基于手头的信息快速做出项目决策。项目经理必须尽力利用现有信息来预测可能出现的问题。

在危机期间，战略决策通常关注长期收益和短期收益，而项目决策关注的重点并不相同。一些战略决策可能围绕组织的核心价值观设计，这可能不符合项目目标的最佳利益。其他类型的决策可能需要关注受决策影响的人的信仰和价值观。但无论做出什么决策，项目经理都必须花足够的时间与所有参与者充分沟通，包括使用虚拟会议进行一对一的沟通，以解释决策的意义及期望他们采取的行动。

项目控制中心

在传统的项目管理中，当明确定义了范围和期望后，通常由团队在公开会议上做出关键决策，然后由项目经理或发起人或治理委员会对决策进行审查。然而，在危机期间，高管们通常认为他们必须接管控制权，解除项目经理和项目发起人的领导责任。决策会议可能闭门举行，只有少数人参加。这些秘密会议通常不包括项目经理或项目团队成员，即使由此产生的决策可能对项目的方向产生严重影响。

在危机期间使用分级方法做出关键决策存在忽视关键信息而做出错误决策的风险。这种方法通常导致关键参与者的不信任和对决策承诺的缺乏。

在危机期间，有效的决策应通过头脑风暴会议进行。与会的人员越多，就越不可能忽视关键信息，并会考虑更多的观点。危机可能只涉及你的项目，许多会议参与者可能并不是这个项目的初始团队成员。头脑风暴会议应该包括供应商、经销商和其他可能与你一样面临相同风险和不确定性的战略合作伙伴，他们必须理解决策的合理性及影响。他们的支持至关重要。

如果员工想知道正在做出什么决策及他们是否会受到影响时，则需要经常进行头脑风暴会议。建立项目控制中心或项目中枢系统来控制信息对于信息的传达可能是有益的。

变革管理

危机决策的结果通常导致管理活动的变革，因为组织要实施新的或有前瞻性想法的战略。在危机期间，公司试图降低成本，通常从减少培训活动开始。培训对于履行和实施组织变革的战略至关重要，减少培训可能导致不利的结果。

结论

从疫情中可以看出，危机的规模和速度往往是不可预测的。公司在危机期间采取的很多行动现在正在成为许多类型的项目管理的标准实践，并被视为最佳实践。这其中包括更好地管理问题解决和决策制定活动的方法。

项目集与项目问题解决和决策制定的差异

从现代项目管理实践开始以来，人们就经常混淆项目管理和项目集管理的概念，并经常混用这两个术语。有很多文章写过它们之间的区别。现在很多组织正更加仔细地审视它们之间的差异，以及决定是否将有限的资金更多地聚焦于项目集管理而不是项目管理。人们需要重点理解在项目集和项目下的问题解决和决策制定的差异。

根据《PMBOK®指南》提供的定义：

- 项目（Project）——为创造独特的产品、服务或成果而进行的临时性工作。
- 项目集（Program）——是一组相互关联且被协调管理的项目、子项目集和项目集活动，以便获得分别管理所无法获得的收益。

粗略来看，项目侧重于为单一客户创建独特的可交付物。项目集侧重于通过管理多个项目以获得协同的机会，从而为组织和客户创造业务收益和商业价值。

有一些教科书简单地将项目集管理定义为管理多个项目。项目和项目集的差异显著。以项目集的方式管理项目可能导致成本大幅超支和项目取消。以项目的方式管理项目集可能导致更差的结果和失败。

有许多因素可用于区分项目和项目集。这些因素包括：

- 所生产的产品和所提供的服务类型；
- 行业类型和特点；
- 受益的客户/干系人的数量和类型；
- 对业务成功的影响；
- 战略风险；
- 用于实施的方法论；
- 项目或项目集的规模；
- 环境因素的影响，如VUCA环境；
- 需求的复杂性；
- 技术的需求和可用性；
- 运营战略的决策制定。

两者最大的区别为组织行为因素、领导风格、与团队的互动，以及必须做出的决策。在管理小型项目时，我们通常会做出符合项目最佳利益的决策。但在管理项目集时，符合某个项目最佳利益的决策可能并不符合项目集内其他项目的最佳利益。因此，项目集环境中的决策制定必须考虑项目集内所有项目的最佳利益。

再造工程与变革管理

变革是不可避免的。所有公司早晚都会经历变革，有些公司可能比其他公司更频繁地进行变革。这些变革通常源于项目的成功和失败，变革可能是对组织的项目管理流程、表单、指南、核对单和模板进行的小幅改进，也可能是对组织业务模式产生重大影响的大规模再造工程。这些变革可能只影响一个项目，也可能影响项目集内的所有项目。

变革决策的理由必须充分。一些公司花费了大量资金进行变革，却未能实现与其战略目标一致的结果。变革失败的最主要的原因往往是缺乏员工的支持。

在实施再造工程方面，项目经理很少发挥主导作用，除非再造工程仅影响一个项目。如果变革影响了与特定项目无关的多个项目，可能需要由指导委员会来承担变革领导者的角色。另外，在变革可能影响多个项目或所有项目时，项目集经理必须承担变革经理的角色。项目集经理会比项目经理召开更多的问题解决和决策制定会议。

变革领导者最重要的职责之一是传达业务的变革需求。当对项目的影响不大时，项目经理可以期望高级管理层或执行指导委员会承担这一角色。然而，项目集经理不能也不应将这一职责交给他人，特别是变革对项目的可交付物、客户和干系人的期望及长期财务考量产生重大影响的时候。

要获得员工对变革的支持，面对面的沟通必不可少。员工最关心变革对他们工作的影响，以及是否需要新技能。人们害怕离开舒适区，特别是如果未来充满不确定性的时候。在项目集层面的决策制定更有可能对员工的职业生涯产生重大影响。

被分配到某个项目中的员工可能选择请求将自己重新分配到位于其舒适区的项目中。而被分配到项目集中的员工可能在项目集的多个项目中工作，这样就可能无法实现重新分配。项目集经理的面对面沟通必须包括以下内容：（1）变革的业务需求；（2）变革将如何及何时发生；（3）变革发生后对员工的期望。如果这些信息由项目集经理亲自提供，而不是由与项目集没有直接关联的人提供，员工更有可能对这些变革做出积极的响应。

职业发展机会

每个人都寻求职业发展机会。在项目管理书籍和培训课程中，我们强调，有效的项目管理领导力的作用之一就是帮助员工提高水平，并在分配项目时满足他们的期望。遗憾的是，在传统的项目管理中，说起来容易做起来很难。其中一些原因包括：

- 项目经理几乎没有人事权，无法雇用或解雇员工；
- 项目经理无权对员工进行正式的绩效评估，职能经理也不会向项目经理寻求关于员工绩效的建议；
- 项目经理没有足够的技术知识来评估员工的绩效；
- 员工可能被分配到多个项目中，项目经理没有足够的时间来评估员工的绩效；
- 项目没有为员工职业发展所需的培训提供预算，除非培训内容与项目直接相关。

在大多数组织中，项目经理不对员工进行正式的绩效评估。员工的绩效只会在考核其绩效的系统中得到改善。在项目中，当项目经理和职能经理发生冲突时，员工通常只会听从评估其绩效的人的指示，这个人通常是职能经理。

项目集经理通常没有上述的所有限制。员工可能会被全职分配到项目集的多个项目中，并且项目集经理有权评估员工绩效。项目集经理通常比项目经理更了解他们的员工。

另一个重要因素是战略、管理和职业发展之间的关系。组织通过制定和执行项目来实现业务战略。越来越多的项目管理书籍和文章都强调将项目与业务战略保持一致的重要性。高管没有理由批准开展一个或多个与业务战略不一致的项目。

团队成员必须了解高级管理层制定的战略，并理解战略目标的重要性，以及战略与项目的关联性。一般而言，战略与项目集之间的关联通常比战略与单个项目之间的关联更为密切。

当员工认识到项目集的长期战略时，项目集经理更可能激励员工，因为员工认识到可以通过实施业务战略获得晋升的机会。相比聚焦单个项目并侧重稳定战略的职能组织，具有增长战略的项目集通常能提供更多的员工职业发展机会。此外，若向员工认真解释，再造工程也能提供更好的职业发展机会。

数据驱动的风险管理

从疫情中学到的重要教训是，传统的风险管理方法可能无法应对危机。与长期项目集的失败相比，单个项目失败所带来的风险可能微不足道。

项目集经理比项目经理需要更多的数据进行风险评估，因为项目集内的许多项目是战略性的，而不是传统的或运营性的。数据驱动的风险管理需要访问数据仓库和商务智能系统。正如哈罗德·科兹纳和阿尔·泽顿所述：

> 业务变革和项目集/项目的工作方式变化导致了前所未有的不确定性，这使得估算及其相关风险对战略计划的成功至关重要……在我们看来，数字化驱动的估算需要创新，才能创造出商业上成功的产品，这也意味着团队成员必须从早期项目阶段开始理解商业生命周期所需的相关知识。

一些项目经理可能会轻易地放弃一个失败的项目，然后继续进行下一个任务，而不考虑采取措施来挽救该项目。项目集经理有着更大的利益相关关系，因此会尽可能多地挽回商业价值。

项目经理和项目集经理对风险管理常常有不同的看法。项目经理往往专注于负面风险，即不良事件发生的概率和影响。其目的是降低负面风险，《PMBOK®指南》中提供的策略包括规避、转移、减轻和接受。

项目集经理必须同时处理正面风险和负面风险。正面风险是指增加组织和客户的商业收益和商业价值的机会。机会应对策略包括接受、利用、转移和增强。项目集的有效风险管理活动必须同时考虑负面风险和正面风险管理活动。

干系人管理

干系人管理是《PMBOK®指南》中的一个知识领域。对于项目经理来说，干系人管理聚焦于向干系人提供项目绩效反馈，并让他们参与决策和执行已达成一致的项目计划。而对于项目集经理来说，这种关系更为复杂。

大多数项目经理不负责推广和销售他们的项目成果。项目经理在项目结束后会转移到下一个项目，而不考虑项目成果的商业价值，并且可能永远不会再与同一客户合作。而项目集经理管理一系列项目，其战略意图是为项目集的可交付物创造长久且有利润的生命周期。因此，项目集经理比项目经理具备更多的销售和沟通技巧。

项目经理和项目集经理都关注质量管理，但二者的关注点并不相同。对于项目经理而言，质量往往与组织的客户关系管理（Customer Relationship Management，CRM）计划一致，CRM计划寻求在短期内以更多的方式向客户销售现有的可交付物。关注点是短期思维和快速盈利。

项目集经理具有长期和战略视角，聚焦客户价值管理（Customer Value Management，CVM）而不是CRM。CVM的目的是与客户建立密切联系，了解他们对价值的看法和定义，以及客户在将来更看重什么价值。这使得项目集经理能够创建与客户对齐的、有意义的战略目标。这样便可以与重要客户建立更紧密、更强大的关系，让重要客户成为终身客户，并创造可持续的竞争优势。CVM活动为项目集经理的项目集问题解决和决策制定提供了有价值的知识。

多项目管理与创新

传统项目管理侧重于在进度、成本、范围和质量的制约下管理单个项目。大多数传统或运营项目中不包含创新要求。传统项目的重点是利用现有知识构建明确定义的可交付物。项目集经理需要在多项目环境中执行，使用组合管理中的很多有效实践。执行多项目管理的项目集经理比执行单个项目管理的项目经理的机会更多。

项目集经理在解决问题时必须回答以下问题：
- 项目集内的项目与战略目标是否对齐？

第 2 章 项目环境对问题解决的影响

- 是否需要取消、合并或替换任何项目？
- 是否需要加快或减缓一些项目的进度？
- 项目组合是否需要重新平衡？
- 能否验证组织正在创建的价值？
- 风险是否得到了有效管理？

回答这些问题需要项目集经理使用业务和战略指标，以便在战略机会、可能需要的新技术及客户期望的新产品/服务方面做出明智的决策。战略机会与创新活动紧密相连，这些创新活动解决了客户对价值的定义。

前面提到，项目集经理对CVM的兴趣高于CRM，因此在多项目环境中的项目集经理必须保持创新。项目集经理必须认识到，基于创新的战略是维持或创造可持续竞争优势的关键推动因素。通过以协调的方式管理项目集中的所有有依赖关系的项目，项目集经理能够创造比传统项目经理更多的商业收益和商业价值。实现这种协同效应需要更多的测量指标和一些支持CVM创新实践的专业知识。

矩阵型组织结构下的问题解决

在过去的四五十年中，有大量文献讨论了矩阵管理的优缺点，以及如何使其有效运作的逐步指导。在这段时间里，许多人未能意识到，矩阵管理主要围绕传统项目而非战略项目展开。在战略项目中，问题的识别和决策的方式会有很大不同。

传统项目通常开始于明确定义的需求、商业论证、工作说明书，以及可能包含所有需要完成的工作包的详细工作分解结构。战略项目可能仅仅开始于一个想法，随着工作的进行，需求会被逐渐细化。与传统项目不同，战略项目需要：

- 组织内不同类型的资源；
- 决策制定所需的各种信息；
- 问题解决和决策制定所需的额外资源，如主题专家；

- 比传统项目更长的项目时间；
- 对VUCA环境及其对项目影响的更深刻理解；
- 高级管理层的更多参与。

矩阵型组织中的传统项目通常侧重于为特定客户提供可交付物，目标是短期盈利。战略项目则专注于每位高级经理的长期需求和公司的长期可持续性。这些差异可以改变当前矩阵管理实践中使用的许多核心流程，包括决策方式和决策者、团队成员在处理有限的初始项目需求时愿意接受的风险程度、信息需求的不断变更、接受范围和工作方向改变的意愿。由这些新型项目带来的差异将对矩阵型组织中的原有工作方式产生重大影响。

理解矩阵管理

如今大多数公司通常以矩阵型组织结构执行许多项目。矩阵型组织结构是指在现有的垂直层级结构之上叠加一个或多个新的组织形式，以同时获得水平和垂直的工作流程。其目的是构建跨职能的项目团队。项目通常是叠加在垂直层级结构上的水平的工作流程，这种水平结构会在项目完成时从组织结构图中移除。

分配给项目团队的资源归职能经理所有，在项目经理和职能经理谈判后将资源分配给项目。分配到项目中的资源完成了他们的工作后，就会返回他们所在的职能部门。然而，在项目执行的过程中，团队成员往往需要同时向项目经理和他们的职能经理汇报，这被称为多重领导汇报。如果团队成员被迫遵守不同的限制和指令，情况会变得更加复杂。

矩阵型组织结构倾向于将组织从垂直形式转变为混合组织形式，并将重点放在项目的执行上。有效的矩阵管理实践包括知识共享、多职能任务协调，以及涉及多个参与者的决策制定。

矩阵型组织结构的挑战

从表面上来看，矩阵型组织结构相当不错，但项目团队领导面临重大挑战。

这些挑战包括：

- 资源属于职能部门；
- 职能经理可能不会将正确的资源分配给项目；
- 职能经理的优先级与项目的优先级不同，并且职能经理不愿在需要时分配资源，从而导致资源分配的不确定性；
- 同一资源可能被分配到多个项目上，每个项目都有不同的工作量要求；
- 被分配的资源可能只听从职能经理的指令，而不听从项目经理的指令，或者在指令发生冲突时更倾向于职能经理；
- 项目经理可能无权分配资源，不能对资源进行绩效评估，也无法在没有职能经理的帮助下将资源从项目中移除；
- 项目的预算和进度可能在项目开始之前就已经确定，并且可能是不切实际的；
- 项目中出现的冲突可能无法由项目经理独自解决；
- 并非所有团队成员都会以相同的方式看待项目，并且可能有不同的沟通方式，从而增加了项目沟通和整合需求的复杂性；
- 团队成员可能不喜欢项目经理的领导风格，并且抵制指导和建议；
- 项目的决策制定往往会出现许多延迟，因为有权做决策的人并不是项目团队成员；
- 公司文化与项目团队文化不同且存在冲突。

在过去的几十年中，矩阵管理实践的进步为持续改进提供了解决方案和建议。上述大多数问题已经变得可以管理。然而，正如前文所述，战略项目的增加为矩阵管理实践带来了新的挑战。

竞争文化

战略项目面临的最大挑战是竞争文化下的问题解决。如果每种文化下的问题解决和决策制定的方法都不同，这会给项目团队带来混乱。对于传统项目，高级管理层花了几十年的时间才接受合作文化的必要性。传统项目本身具有明确定义的需求，更关注短期而非长期的盈利和决策制定。战略项目有可能影响组织决策者和团队成员的未来职业生涯，因此他们很难像传统项目一样将决策权交给他人。此外，人们担心如果没有高级管理层对战略项目的控制，高级管理层的效力可能会被稀释。

在传统项目中，团队成员可能是兼职或短期工作的。而在战略项目中，团队成员更有可能是全职的，而且工作时间更长。此外，许多团队成员之间可能以前从未共事过。因此，必须了解每个团队成员受到的其所属职能部门文化的影响。有些文化重视冒险，希望成员直言不讳，并且成员愿意参与决策，而其他文化则相反。

如果你希望团队成员参与到项目中并信任他们必须与之交互的人，你就需要进行文化研究，了解他们的期望及可能冒犯他们的事物。如果你希望团队成员为项目的成功做出有意义的贡献，那么建立信任关系是至关重要的。

文化研究必须包含团队成员对权力的看法，特别是关于负责人与决策权方面。一些文化坚持认为，职能权力大于项目权力。如果团队成员收到来自项目经理和职能经理的相互冲突的指令，这可能会产生问题。

高管参与

如前文所述，高管在战略项目中的参与度可能与在传统项目中的参与度有明显不同。高管对某些项目可能有隐藏的动机，这些项目可能影响他们的职业生涯或未来的期望。他们的兴趣可能只体现在某些项目上，而不是整个战略项目组合。

高管的参与可能仅仅出于需要了解或希望控制决策制定的过程。如果项目负责人能够与高级管理层进行面谈，了解他们对某些战略项目的兴趣及他们的参与方式（希望参与哪些问题），这将是有益的。在矩阵型组织中，模糊的指挥链通

第 2 章 项目环境对问题解决的影响

常会导致不佳的绩效和糟糕的决策。

高管积极参与战略项目是必要的。许多团队成员可能不了解矩阵管理，高管可以帮助推广这一概念。高管还可以协助组织在垂直结构和水平结构之间保持适当的权力平衡。最后，战略项目的决策可能需要多位高管的参与。

团队成员

在矩阵管理中，你可能需要与素未谋面且不向你汇报的人一起工作。他们有不同的文化背景，由于战略项目的性质，他们甚至并未完全理解他们要做的事情。

矩阵管理可以为项目提供公司中最优秀的人才，无论人才处于什么位置。然而，若要让他们参与并热情投入，则需要与团队成员建立起信任关系。

在所有类型的矩阵型组织中，有效的沟通都必不可少，这也可能是项目经理在处理战略项目时所需要的最重要的技能，这些战略项目仅仅从一个想法开始，而不是像传统项目那样有完全定义好的需求。战略项目可能需要团队成员以不同的方式思考和行动。

为了使决策制定更有效，团队成员必须清楚地了解这个项目对公司的意义，以及他们个人如何从成功的项目中获益。应该询问他们对于这个项目的期望。团队成员可能并非项目经理的直接下属，但项目经理也需要说服他们，并将他们的绩效告知他们的上级，即使项目经理并不被要求这样做。正如金诺尔（Kinor）和弗朗西斯（Francis）所说：

> 首先，你必须与每个人建立情感联系。这是建立信任并证明你关心他们的最大利益的最佳方式。当你能够建立这种情感联系时，你将建立牢固而持久的工作关系。如果他们在本地，这可能意味着可以在项目开始时安排一对一的交谈，可以通过面对面进行，或者通过电话或视频会议进行。利用这段时间讨论项目，并征求每个人如何发挥最佳工作能力的意见。

传统项目的矩阵管理实践使组织变得更加强大。在战略项目方面也希望能取得同样的成功。如果组织无法及时解决战略项目中的文化差异、高管参与，以及新团队成员参与等方面的挑战，可能会出现阻碍组织成功和战略执行的严重问题。

方法论对问题解决的影响

几十年来，公司在传统项目中主要依赖《PMBOK®指南》中的过程进行问题解决和决策制定。许多问题和解决方案是多个项目所共有的。

随着项目种类的增多，包括战略要求、创新、研发和其他与业务相关的活动，公司开始意识到预测型方法需要被其他更灵活的方法所取代，如敏捷和Scrum。新型项目伴随着新的问题和新的解决方案。项目团队使用灵活的方法能够更容易识别问题并找到解决方案。未来，项目团队可能会根据他们需要解决的关键问题选择特定的方法论。

理解方法论

方法论是一套原则，公司可以根据具体情况或一组具有共性的活动，量身定制并简化成一套程序和行动。在项目环境中，这些原则可能表现为一系列需要完成的任务，通常体现在格式表单、指南、模板和核对单中。这些原则可以被结构化地应用于项目生命周期的特定阶段，如在建筑项目或产品开发项目中。

多年来，许多公司使用项目管理方法论（Project Management Methodology，PMM）提供的一种瀑布型[1]方法来完成工作，因为各个项目阶段是按顺序完成的。瀑布型方法成为项目"指挥与控制"的主要机制，为执行工作和控制决策过程提供了一定程度的标准化。然而，这种标准化和控制有一定的使用限制。典型的限

---

[1] 瀑布型是用来描述一种按顺序进行的项目生命周期的术语之一。其他常用的术语包括"预测型""串行""传统型"。

第 2 章 项目环境对问题解决的影响

制包括以下几种。

- **项目类型**：大多数内部开发的或购买的"现成"方法论都假定项目的需求在初始阶段就已经相当明确。因此，项目经理主要基于进度和成本进行权衡，而不是范围。这限制了PMM主要被用于在项目立项阶段就相当清晰且未知因素有限的传统或运营项目。这也为问题解决和决策制定提供了一定程度的标准化。战略项目，如涉及创新的项目，其最终产品、服务或成果在初始阶段难以明确定义，因为存在大量未知因素，且需求（范围）可能会发生频繁的变化，所以无法轻松使用瀑布型方法进行管理。
- **绩效跟踪**：在项目需求明确的情况下，传统项目主要使用进度、成本和范围的三重制约因素来完成绩效跟踪。非传统或战略项目有更多需要监控的制约因素，因此需要使用与PMM不同的绩效跟踪系统。简而言之，传统方法被应用于非运营项目时极度缺乏灵活性和价值。
- **风险管理**：风险管理在所有类型的项目中都很重要。非传统或战略项目的特点是高度不确定性和需求的动态变化，许多组织发现传统方法论中包含的标准风险管理实践对于在这种不断变化的环境中进行的风险评估和减轻是不足的。
- **问题解决和决策制定**：传统项目之间存在许多相似之处，需要解决的问题也都很典型。大多数时候，所做的决策都是基于历史经验并与其他项目类似。但随着新型项目的出现，先前处理问题的方式不再是最佳方法。
- **治理**：对于传统项目，治理工作通常由发起人一人负责。方法论成为发起人进行指挥和控制的主要工具，人们错误地认为所有决策都可以通过监控项目的进度、成本和范围来进行。

错误的结论

组织得出了一个错误的结论，即单一方法论（一刀切的方法）可以满足几乎所有项目的需求。这种方法论在许多公司的传统或运营项目中表现得很好。但在非传统项目中，这种方法论失败了，在某些情况下甚至以惊人的方式失败。

随着单一方法论的广泛应用，公司开始总结经验教训和最佳实践，以改进单一方法论。许多最佳实践与问题解决和决策制定相关。项目管理仍然被视为一种方法，适用于初始需求明确、风险较容易识别，并由相对僵化的方法论执行的项目。

在单一方法论被广泛应用的同时，职能经理在管理创新、研发和创业的战略项目时，通常采用自己的方法论去管理这些项目，而不是遵循单一方法论。以创新项目为例，我们知道有几种不同类型的创新项目，每种都具有不同的特征和需求。如果不采用灵活或混合的方法论，管理层通常无法真正了解这类项目的真实状态[1]。问题在于，从事创新项目的专业人员希望"自由发挥创造力"，所以关于问题解决和决策制定，他们不希望被任何形式的固定方法论所约束。

项目管理格局的变化

很多公司开始意识到采用正式的项目管理实践的好处，这来自公司自身的成功经验、教训的总结和最佳实践，研究数据也表明，项目的成功与采用项目管理最佳实践之间存在关联。此外，几乎公司内的所有活动和倡议都可以被视为项目，因此公司正在通过项目来管理业务（也被称为基于项目的业务）。

当单一方法论开始应用于非传统或战略项目时，其缺点已经非常明显。特别是那些在项目启动时可能无法完全定义的创新战略项目，这类项目的范围在执行过程中经常发生变化。事实上，这类项目的范围是在执行过程中才逐渐变得清晰的。此外，项目的治理形式也不同，需要客户或业务负责人更多地参与，从而要求不同形式的项目领导力。

此外，在传统的运营项目上使用的风险管理方法对战略项目作用不大。例如，

---

[1] 有关管理创新项目的复杂性以及如何克服这些问题的更多信息请参阅科兹纳的著作（2023年）。

第2章 项目环境对问题解决的影响

战略项目需要使用强调VUCA分析的风险管理方法：

- 易变性；
- 不确定性；
- 复杂性；
- 模糊性。

在战略项目中，商业需求的不断变化导致风险显著增加。这在严重依赖传统瀑布型方法的IT项目上表现得非常明显，这种方法让项目团队无法灵活地解决问题。项目团队通过一些敏捷框架（如Scrum）实施敏捷方法解决了一些问题，但也带来了其他问题。

敏捷框架重点关注如何更好地进行风险管理，但也要求与公司的业务部门进行密切合作，可并非每个业务人员都有足够的时间或意愿投入项目。每种方法、方法论或框架都有其优势和劣势。

敏捷框架的引入为公司提供了在僵化的单一方法论和非常灵活的敏捷方法之间进行选择的机会。可以肯定的是，并非所有项目都适合极端僵化或灵活的方法。许多项目适合介于瀑布型方法和更灵活的敏捷框架之间的方法。这一类项目通常使用混合型生命周期（敏捷和瀑布的结合）作为过渡。

选择正确的框架

如今，许多从业者强烈主张项目经理需要承担选择项目生命周期（瀑布型、敏捷型或混合型）的角色。其他人认为可以从每种方法的最佳特点中创建新的框架，然后应用于项目。我们可以比较有信心地说，如今正在使用新的可定制的框架，为从业者提供了很大的灵活性，同时随着越来越多的组织采用敏捷方法进行工作，将来还会开发出更多的框架。

例如，今天我们看到组织混合使用各种敏捷方法，如Scrum、看板和极限编程（eXtreme Programming，XP）。如前文所述，许多公司还使用以各种方式结合敏捷和瀑布的混合方法，如使用敏捷方法开发产品，但在全球范围内推出该产品时采用瀑布型方法。有些项目主要采用瀑布型方法，但也有一些敏捷方法的元素，而其他项目则主要采用敏捷方法，但也包含一些瀑布型方法的元素。

决定使用哪种方法或框架最适合特定项目是许多组织中项目经理面临的挑战，但并非所有组织都面临这个挑战。有些公司尚未尝试以有意义的方式实施敏捷，仍然试图通过"一刀切"的方法解决所有项目问题。但终有一天，所有项目团队将具有选择使用哪种框架的权力。框架的选择可能取决于预期的问题数量和类型，以及所需的解决方案。我们绝不能忘记，项目的工作重点是频繁地向客户交付价值。只要能够帮助我们实现这一目标，无论哪种框架我们都应该采用。

关于生命周期的选择，可以通过核对单和涉及项目特征的问题清单来完成，如灵活性要求、所需领导力类型、团队技能水平要求、决策方式及组织文化等。综合这些问题的回答，可以帮助项目经理进行项目生命周期的最合适选择。

管理好你的期望

选择正确的框架看起来可能相对容易。然而，正如前文所述，所有方法论和框架都有优缺点。项目团队必须"抱最好的期望"，但"做最坏的打算"。他们必须了解可能出现的问题，并确定一种能够及时处理问题的方法。

在最终确定方法之前，需要评估项目可能出现了什么问题，这些问题包括：

- 客户的期望是否现实？
- 项目的需求在一开始就已明确还是会不断变化？
- 所需的工作能否分解成小的工作包或冲刺，还是需要一次性完成？
- 客户和干系人是否会及时提供必要的支持？
- 客户和干系人是否会很专断，并试图自己管理项目？
- 需要多少文档？
- 项目团队是否具备必要的沟通、团队合作和创新/技术技能？

- 团队成员是否能够为项目付出必要的时间？
- 所选择的框架是否适合所选择的合同类型（固定总价合同、成本补偿合同、成本分摊合同等）？

从表面上来看，高度灵活的方法似乎是最佳选择，因为可以在早期识别错误和潜在风险，从而更快地采取纠正措施，防止灾难发生。但许多人似乎没有意识到，随着灵活性水平的提高，项目可能需要更多的管理和监督。

如今存在许多适用于项目团队的方法、方法论和框架，如敏捷方法、瀑布型方法、Scrum方法、Prince2方法、快速应用程序开发方法、迭代型方法、增量型方法等。将来可以预期的是，方法论和框架的数量将显著增加。因此，必须建立某种标准来选择适用于特定项目的最佳方法，同时考虑可能发生的问题。

问题解决的程序文档的必要性

项目管理是当今组织系统管理中最重要的发展。项目管理既是一种方法论，也是一种组织体系，旨在更有效地利用公司的人力、财力、信息/技术、设备、设施和材料资源。在跨学科任务的管理中，资源的有效利用要求工作在职能体系上进行整合，同时信息传递、问题解决和决策制定要在水平和垂直两个方向上同时进行。

问题解决和决策制定的多维度的流程不能仅通过固定的政策和程序及正式的权力来实现，还必须配合文档进行密切的人际交往和协作。高管、项目经理、职能经理和职能专家必须在必要时进行互动，而不是争夺权力或地位。

在项目环境中，人际交往的能力主要体现为沟通能力。这是一个挑战，因为项目经理经常必须跨越组织沟通，与来自不同职能部门的人员打交道，这些人可能具有不同的背景、兴趣和组织目标。此外，项目团队本身也是一个多样化的群体，这些人以前从未一起工作过，仅仅因为项目而被组织在一起。另一个挑战是应对由于组织和个人原因造成的人员频繁变动，因此需要以某种形式的文档进行记录。

人们的沟通方式多种多样。沟通的内容通常会被过滤和扭曲。由于种种原因，在项目环境中，协议必须以书面形式存在。在一些公司中，项目管理人员相信只有写在纸上的书面规定才是真正重要的。在那些刚开始使用项目管理的组织中，过度依赖严格的政策和程序的现象并不罕见。其他公司依赖标准和文件，如《PMBOK®指南》提供的指导。尽管这些文件可能非常有用，但它们的使用可能会引发额外的问题，需要做出比预期更多的决策。文档是必需的，但前提是文档是正确的。

除了需要有效的人际技能和协作，任何项目管理系统的一个重要功能是为组织内的人员提供如何开展项目活动的程序性指南（包括问题解决和决策制定），以及如何在这样一个多维环境中进行沟通。项目管理的政策、程序、表格和指南可以提供这些工具，用于规定问题解决和决策制定的流程与格式。表格和清单这样的程序文档的具体好处在于：

- 提供指导方针和执行的一致性；
- 鼓励使用正确的文档；
- 支持清晰和有效的沟通；
- 进度报告的标准化实践；
- 统一项目团队，并保持团队成员的参与；
- 为绩效分析提供基础；
- 制定文件协议，以供未来参考；
- 加强承诺；
- 文档工作最少化；
- 减少冲突和混乱；
- 界定工作包的职责；
- 轻松引入新团队成员；

第 2 章　项目环境对问题解决的影响

- 为未来项目获取最佳实践。

如果使用得当，程序文档将有助于解决执行组织和客户组织的问题。这种参与为项目及其管理方法带来了新的见解。它还提高了项目在组织各个层面上的透明度、参与度和支持度。正是这种在所有组织层面上的参与激发了对项目的兴趣和对成功的渴望，并促使全员追求卓越，促使项目团队团结一致。这种参与提高了所有人对设立和实现项目目标的承诺，形成了一种自我约束的管理体系，人们渴望朝着这些已经确立的目标努力工作。

程序文档和方法论

无论是僵化的还是灵活的项目管理方法论，都提供了关于项目执行的指导。没有程序文档，决策只能基于猜测而不是证据和事实。程序文档的一个最重要的作用是向客户和干系人展示团队将如何管理项目。在竞争性投标的过程中，公司通常会在建议书中推广其方法论和程序文档，以便客户能够跟踪项目的执行。

僵化的方法论，如一刀切的方法，包含从书籍（如《PMBOK®指南》和《项目管理标准》）中提取的程序文档。由于标准的更新或最佳实践的实施，程序文档会发生变化。对于许多程序、指南和模板，不同公司之间存在一定程度的共性，这都是程序文档的一部分。对于灵活的方法论，共性程度略有降低。

挑战

虽然使用程序文档有很多好处，但管理层通常仍然不愿意实施或全力支持正式的项目管理系统。管理层的担忧通常集中在四个问题上：负担过重、启动延迟、创造力受限和控制力减弱。第一，组织需要为政策、程序和表格的引入花费一些资金，也要为支持和维护系统花费额外的资金，组织只看到了花费而没有看到好处。第二，在行动导向的管理者看来，使用系统会因为在实施前的项目定义、可行性和组织方面花费太多时间进行规划，导致项目启动的延迟。第三和第四，系统是将项目控制从负责的个人转移到了一个强制执行预定义的一系列步骤和表格的过程，这个过程并不关注项目及其可能变化的目标的复杂性和动态性，基于这点原因，人们认为系统是抑制创造力的。以下是一位项目经理的最具代表性的评论：

> 支持人员认为，我们在项目初期花费了太多时间进行规划，这创造了一个非常僵化的环境，抑制了创新。项目管理系统的唯一目的似乎是建立一个基于过时指标的控制基础，用于惩罚而不是在紧急情况下提供帮助。

这一评论引起了许多项目经理的共鸣。它也说明了正式的项目管理系统可能被滥用，对偏离项目计划的情况施以不切实际的控制和惩罚，而不是帮助找到问题的解决方案。无论这些担忧是真实的还是想象的，都不会改变这种情况。人们拒绝项目管理系统是因为感受到了一种强制性。另一个担忧是缺乏管理层的参与和资金来实施项目管理系统。通常客户或发起人也应该参与并同意规划和控制项目的过程。

如何使其发挥作用

很少有公司能够轻松地引入项目管理系统。对于问题解决和决策制定，大多数公司都经历了从怀疑到破坏程序系统的过程。人们感觉受到了限制，被带离了他们的舒适区。然而，从实际情况来看，项目经理在选择上并没有太多的余地，特别是对于更大、更复杂的项目和项目集。

逐步开发和实施这样一个系统对管理层来说面临多方面的挑战。最大的问题不在于预算和进度计划等技术，而在于如何让项目团队参与其中，获取他们的意见、支持和承诺，并创建一个支持性的环境。此外，项目团队成员必须相信项目管理系统的政策和程序能够促进沟通，具有灵活性，能适应环境变化，并能通过早期预警系统在项目成员面临意外情况时提供帮助而不是进行惩罚。

虽然项目经理有权制定自己的政策和程序，但许多公司会设计一个可以在所

第 2 章 项目环境对问题解决的影响

有项目上统一使用的项目控制表单，以协助沟通。一些公司认为这是必要的，这样就可以以标准的方式解决问题。项目控制表单通过建立一个共同的框架来实现两个关键目的：

- 项目经理将与高管、职能经理、员工和客户进行沟通；
- 高管和项目经理可以就资源分配和问题解决做出有效的决策。

项目的成功与否取决于关键人员在决策制定过程中是否拥有足够的数据。项目管理通常既是一门艺术又是一门科学。由于对人际交往技能的需求很强烈，项目计划和控制表单试图将"艺术"的部分转化为科学。

当许多公司发现良好的程序文档很有必要时，往往为时已晚。如今，大多数拥有成熟项目管理系统的公司都会组建一个独立的职能部门用于表单控制，如项目管理办公室或卓越中心。对于大多数组织来说，确定程序文档的一致性是必要的。

开发一个有效的项目管理系统不仅需要一套政策和流程，还需要将这些原则和标准融入组织的文化和价值体系中。管理层必须领导整体工作，并营造有利于团队合作的环境。团队精神越强大、信任基础越牢固、承诺和信息交流的质量越高，团队就越有可能开发出有效的决策制定过程。团队会做出个人和团队的承诺，专注于问题解决，并以自我纠正的控制模式运作。这些特征将支持和渗透到正式的项目管理系统中，并使其发挥作用。当团队成员理解并接受这样的系统时，系统就提供了正式的标准、指导方针和措施，以指导项目在给定的进度和资源制约下获得特定的结果。

有效的项目控制实践

有效的规划和控制技术对于任何工作都是有帮助的。然而，对于大型或复杂的项目集和项目的成功管理，它们是必不可少的，因为可能需要解决的问题很多。管理研究和咨询顾问一再指出，高质量的规划与整体项目绩效之间存在着很强的相关性。然而，规划的质量不仅仅意味着文书工作的产生。它要求整个项目团队的参与，包括支持部门、分包商、干系人和高级管理层。这将产生一个包括了对项目本身的参与、承诺和兴趣的现实项目计划。正确的计划让每个人的工作更简单、高效，因为它可以：

- 提供项目集或项目的全面路线图；
- 为设定目标提供基础；
- 定义任务和职责；
- 为指导、测量和控制项目提供基础；
- 为审查和决策提供基础；
- 帮助建设团队；
- 最少化文书工作；
- 减少混乱和冲突；
- 确定自己的位置和方向；
- 达成令人满意的项目绩效；
- 帮助各级管理人员在现有资源、能力、环境和变化条件下取得最佳结果；
- 提供问题解决的指导。

正确规划和执行项目的过程必须涉及执行组织和客户。这种形式的参与为项目及其管理方法的复杂性提供了新的洞见。它还提高了项目在组织各个层面的透明度，获得了管理层的参与和支持。正是这种在组织所有层面的参与，激发了人们对项目的兴趣和对项目成功的渴望，促使人们不断追求卓越。人们致力于设立和实现所期望的项目目标，形成一个自我推动的管理系统，并希望朝着既定的目标努力。

问题讨论

1. 为什么在项目环境中做决策比在职能组织中更困难？
2. 积极决策和消极决策有何区别？对资源有效利用的影响是什么？
3. 项目问题解决和决策制定与业务问题解决和决策制定之间有哪些差异？
4. 对比业务决策，项目决策更重要还是更不重要？
5. 项目的制约因素如何影响问题解决和决策制定？
6. 项目的假设条件如何影响问题解决和决策制定？
7. 疫情如何影响问题解决和决策制定？
8. 项目与项目集的问题解决和决策制定的区别有哪些？
9. 项目管理方法论如何影响决策制定？
10. 为什么问题解决的程序文档正在成为项目管理方法论的一部分？

参考资料

Cleland, D.I. and Kerzner, H. (1986). *Engineering Team Management*, 227–228. New York: Van Nostrand Reinhold.

Kerzner, H. and Zeitoun, A. (2022). The digitally enabled estimating enhancements :the great project management accelerator series. *PM World Journal* XI (V), July.

Kerzner, H. (2023). *Innovation Project Management*, 2e. Hoboken: John Wiley & Sons Publishers. Kinor, L. and Francis, E. (2016). Navigating matrix management. Leadership Excellence 33 (2): 23–24.

Project Management Institute (2017). *A Guide to the Project Management Body of Knowledge (PMBOK® Guide)*, 6e, 715. Newtown Square, PA.

Weaver, P. (2010). Understanding Programs and Projects—Oh, There's a Difference!

Paper presented at PMI® Global Congress 2010—Asia Pacific, Melbourne, Victoria, Australia. Newtown Square, PA: Project Management Institute. Zeitoun A.l. and Kerzner, H. (2022). *Differences Between Programs and Projects*, white paper.

Zeitoun, A.l. (2023). *Program Management: Going Beyond Project Management to Enable Value-Driven Change*. Hoboken, N.J.: John Wiley Publishers.

第 3 章
理解问题

问题的定义

要理解问题解决，我们首先必须了解问题的定义。问题是指实际情况与期望情况之间的偏差。问题是一种障碍、阻碍、困难、挑战或任何需要解决的情况。问题解决是指对已知目的或目标的处理或贡献。添加缺失但需要的内容、去除潜在的不良因素，或者纠正表现不如预期的事物，这些都属于问题解决。因此，问题可以以积极或消极的方式表述。如果问题是如何利用机会，那么问题就是以积极的方式表述。

我们往往倾向于将备选方案简单地分成好方案和差方案。如果决策者将所有备选方案都标记为好或差，那么决策者或项目经理的工作就会变得简单。遗憾的是，问题一定存在有疑问之处或不确定性，否则就不能称之为问题。这种不确定性可能发生在所有项目中，因此很难将所有备选方案仅仅分类为好方案或差方案。

有些问题必须立即解决，而有些问题可以推迟到将来解决。有些问题是"好"问题，因为目标是利用机会。

定义问题所需的时间

在问题解决中，定义问题所花费的时间通常是一个容易被忽略的关键问题。问题的复杂性往往通过解决问题所花费的时间来衡量。一方面，如果在定义问题上花费的时间太少，可能导致问题表述不清，产生混淆，从而出现决策延迟。另一方面，如果在定义问题上花费过多时间，可能导致没有时间评估解决方案，从而出现决策延迟。更多人参加问题解决会议并不总是能够缩短解决问题的时间。在某些情况下，我们最终会为自己制造额外的问题。

项目管理教科书中似乎更关注决策制定的过程，而非问题定义。项目团队经常会面临"速度"上的压力。虽然明确定义问题通常能够更快地找到解决方案，但项目经理往往迅速召集项目团队来解决问题，并错误地认为一个庞大的项目团队能够快速理解问题、分享知识并就推荐的解决方案达成一致。对问题了解不清晰就快速地做出决策，可能导致错误的结论，这反而会延长项目时间。

客户和干系人希望问题能够迅速解决，而且通常错误地认为项目团队成员拥有解决问题所需的所有信息。然而，情况并非总是如此。问题解决和决策制定通常也需要非项目团队成员的主题专家的参与。高级管理层和治理人员也可能因为项目团队花费太多时间提供解决方案而对其进行惩罚，从而引发问题。

公司必须在定义问题的时间花费方面取得适当的平衡，既不能花费太少时间，也不能花费太多时间。影响问题定义时间的四个因素包括：

- 问题的根本原因与症状；
- 与问题相关的风险；
- 问题的复杂性；
- 团队成员对这类问题的知识和经验。

第3章 理解问题

项目团队通常更关注问题的症状或结果，而不是问题的真正原因。因此，他们最终可能将一个问题识别成另一个错误的问题去解决。

项目相关的人员在项目早期可能无法认识到项目的风险或潜在问题。团队成员可能需要来自其职能领域的支持，以识别风险并找到解决方案。这个过程可能需要专业领域的专家参与其中。

可能直到团队开会讨论问题、团队成员分享他们对问题的看法和理解后，团队才会得知问题的复杂性。有些问题最初可能看起来相当简单，但随着相关问题的出现，这些问题会演变成复杂的情况。

团队成员对风险和复杂性的理解往往基于他们之前的知识和经验。有时，如果问题严重到损害项目，公司则可能会调整分配给项目的资源。当团队成员对问题有不同的定义时，则可能会发生冲突，这会延长找到有效解决方案的时间。团队存在的分歧越大，定义问题需要花费的时间越长。团队就问题定义达成一致可以避免重复工作和进度延迟。

用于理解问题的信息要适量。然而，在有些情况下，人们提供的信息过多，这会导致信息过载。信息过载可能导致决策延迟、决策错误及解决错误的问题。

有些人喜欢表达，并提供额外的或与手头问题无关的非必要信息。团队成员可能因为非必要信息而感到不知所措。额外的信息可能引发与原问题可能关联也可能不关联的新问题。因此信息过载可能导致决策延迟或决策错误。

并非所有的问题都能得到解决

问题意味着存在一些备选方案。没有备选方案的问题为开放性问题。并非所有的问题都能够或应该得到解决。例如，在新产品研发过程中，可能需要50~60个想法才能生成一个新产品。企业评估这么多的备选方案的成本可能会非常高。另一个常见的问题是，在软件开发中，通过给项目添加不必要的额外功能（"过度设计"）可能会严重影响最终的进度和成本。

如果没有技术上的突破，有些问题就无法解决。有些公司没有足够的技术能力或财务资源来完成一些突破性项目，只能将其视为开放性问题。同样的情况也适用于涉及公司形象、声誉和信誉的项目。

最后，还有一些项目需要遵守法律法规。对于这些几乎总是非常昂贵的项目，通常所有的备选方案都被视为较差的选择。在被迫遵守法律法规的情况下，公司通常会选择最不差的方案。但实际情况往往是，公司将其当成开放性问题并保持到最后时刻，然后希望问题会被遗忘或消失。

问题的复杂性

并非所有问题具有相同程度的复杂性。问题的复杂性决定了我们是否应该解决这个问题，或者将其视为一个开放性问题。用于确定问题复杂性的一些因素包括：

- 问题的相对重要性；
- 解决问题的成本；
- 用于问题解决团队的合格资源的可用性；
- 对问题的理解程度；
- 用于解决问题的信息量；
- 是否拥有问题的部分或完整的信息；
- 项目中可能受到问题解决方案影响的剩余工作量；
- 客户对问题解决方案的态度；
- 干系人对问题解决方案的态度；
- 解决方案（或解决方案的失败）对项目团队成员职业生涯的影响；
- 团队找到问题解决方案的动力；
- 是否能够找到可行的备选方案。

第 3 章　理解问题

问题识别方法

要想解决问题或抓住机会，首先必须识别出问题。当项目不满足基准要求时，大多数人都知道存在问题。如果只是等待问题浮出水面，则会限制寻找最佳解决方案的时间。项目团队用于问题识别的方法包括：

- 选择正确的衡量指标和关键绩效指标；
- 使用模板和清单，用于识别当前或未来的问题；
- 有效地利用团队会议；
- 使用"走动式"项目管理（管理者经常抽空前往各个办公室走动，以获得更丰富、更直接的员工工作问题，并及时了解员工工作困境的一种策略。——译者注）；
- 监督事业环境因素是否发生重大变化；
- 与参与CRM项目集和CVM项目集的人合作；
- 执行项目运行状态检查；
- 听取投诉意见；
- 设立项目意见箱；
- 进行风险管理并设立风险触发条件；
- 阅读行业相关文献。

具体的方法及相应的工具将在后续的章节进行讨论。

个人秘密解决问题

公司鼓励项目团队成员尽快识别所有问题。问题越早暴露，就有越多时间去寻找解决方案，通常可供选择的备选方案也会越多，可以协助解决问题的资源数量也就越多。

遗憾的是，有些人不想识别问题，希望在别人发现之前由自己解决这些问题。对于制造问题的人，这种想法是理所当然的，因为他们担心自己制造的问题会影响他们的绩效结果，如：

- 影响个人声誉和形象；
- 影响个人职业生涯；
- 有失业的风险；
- 倾向于使用自己的想法解决问题，而不是使用他人的想法；
- 不喜欢向他人寻求帮助；
- 对他人可能选择的备选方案持怀疑态度；
- 担心与同事和团队成员产生对抗情绪；
- 更喜欢独自工作而不是团队协作。

在这种情况下，他们尝试在其他人发现之前秘密独自解决问题。但实际上，这些问题通常很难隐藏。

团队秘密解决问题

有时，整个问题解决团队都在共谋隐藏问题。遗憾的是，问题解决会议明确指出了问题的存在，仅这一点就足以使问题难以隐藏。相较于整个团队，一个人秘密解决问题会更容易一些。

根据问题的严重程度，团队可能会对客户、干系人，甚至是自己的管理层进行隐瞒，即使对管理层隐瞒显然不是一个好主意。有时在找到并实施解决方案后，团队仍然不会将问题告知他人。团队想要秘密解决问题的原因如下：

- 客户和/或干系人可能对问题反应过激，并站出来主导解决问题；
- 客户和/或干系人可能对问题反应过激，并取消财务支持；
- 客户可能取消项目；
- 问题解决需要讨论专有或机密的信息；

第3章 理解问题

- 公开识别问题可能导致人们被解雇；
- 公开识别问题可能对公司的形象和声誉造成损害；
- 公开识别问题可能导致潜在的诉讼；
- 问题的根本原因未知；
- 问题可以迅速解决而不影响相互竞争的制约因素和可交付物。

可以将失败转化为成功的决策

所有项目都存在失败的风险。这包括那些基于历史估算的、有着明确定义的需求的传统项目，以及可能仅仅以一个想法开始的战略项目，如创新项目。就像许多战略项目一样，未知因素越多，不确定性越大，失败的风险就越大。

当项目存在失败的迹象时，项目团队往往倾向于迅速放弃项目，希望避免潜在的责备并试图与失败保持距离。项目团队成员通常会回到他们的职能领域完成其他任务，而项目经理则继续管理其他项目。公司通常有大量的想法，能够启动大量新项目，并似乎更愿意向前发展，而不是确定失败的项目是否可以转化为成功的项目。

部分原因在于许多项目经理有"抱最好的希望，做最坏的打算"的想法。"做最坏的打算"意味着项目经理要制定项目失败的标准，即何时退出项目并停止浪费资源。一旦达到失败的标准，所有项目工作往往会停止。遗憾的是，即使在宣告项目失败后，如果组织能够理解并实施能够将失败转化为成功的过程，项目仍然可能会成功。

项目失败有许多原因。最常见的原因是项目未达到预期绩效。然而，失败也可能是因为使用错误的流程、糟糕的项目管理和/或糟糕的组织领导、错误的假设条件、不切实际的期望、糟糕的风险管理及错误的战略目标。将这些活动重新建构，可以将失败的项目转化为成功的项目。成功的项目管理实践不仅要关注可交付物的创造，还必须关注将失败转化为成功所需的过程。遗憾的是，项目管理课程很少教授这些实践。

意义建构

意义建构是理解新事物的过程，尤其是对于那些新颖的、充满不确定性或模糊的、未能达到预期的事物的理解。意义建构是一种常用的技术，可能有助于将失败转化为潜在的成功。意义建构不能保证项目成功，但可以提高项目成功的机会。

将失败转化为成功首先需要一种文化，这种文化将创新时的失败视为正常；其次需要以意义建构去描述既具有回顾性又具有前瞻性的问题形成过程（Morais-Storz等，2020年）。回顾性意义建构是指理解已经发生的问题，分析导致潜在失败的原因，并试图理解结果。前瞻性意义建构则说明了现在该怎么做，并设想了如果建构并实施一个合理的新路径，未来将会是什么样子的（见图3.1）。

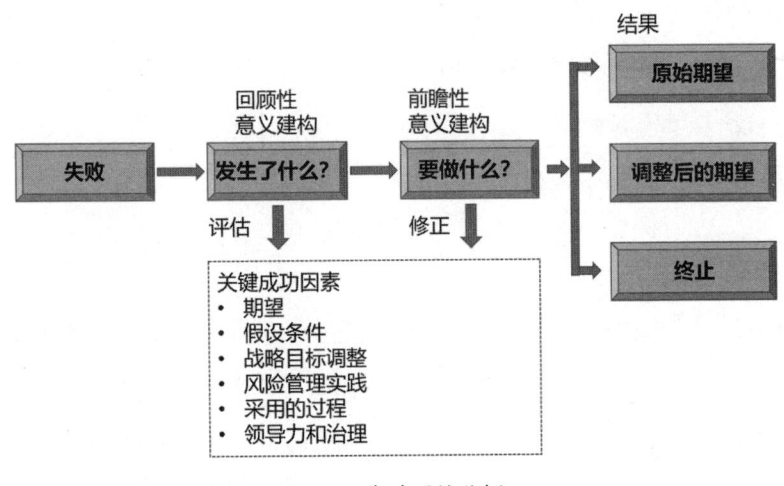

图 3.1　失败后的分析

项目经理的领导风格决定了是强调回顾性意义建构还是前瞻性意义建构，以及在必要时重新建构项目的方法。意义建构的结果可以是对原始问题的重新建构，或者制订有不同结果的新计划。如果团队没有完全理解问题的最初呈现方式，决策基于猜测而非事实，或者事业环境因素发生了重大变化，那么可能需要重新

第 3 章 理解问题

建构。从意义建构中获得的知识可能表明原始期望仍然有效，但项目必须重新建构。如果原始期望不再有效，则可能需要调整期望。

对新测量指标的需求

意义建构比挣值测量系统需要更多的信息。使用瀑布型方法实施有明确定义的需求的传统项目时，决策制定主要围绕进度、成本和范围指标展开。

在战略或创新项目中，由于高失败率，需要额外的指标来确定自问题最初定义以来发生变化的变量对项目的影响，以及是否需要进行失败后的分析。一些新的指标包括：

- 项目生命周期内提出的新假设条件的数量；
- 项目生命周期内发生变化的假设条件的数量；
- 事业环境因素发生的变化；
- 被批准和被否决的范围变更的数量；
- 进度、成本和范围基准修订的数量；
- 项目治理的有效性；
- 关键工作包风险水平的变化。

从失败中学习

许多项目管理教育者主张，项目唯一真正的失败是从中没有学到任何东西。如果错误不断重复，不对失败进行检讨，公司会付出高昂的代价。组织对失败的创新项目的检讨通常会至少发现一些知识资产，这些知识资产可以在其他的项目中发挥作用。

组织研究失败项目的目的通常是获取最佳实践，以防止重复犯错。有些人认为，如果人们毫不犹豫地讨论失败，那么可以从失败中找到更多的最佳实践。遗憾的是，从成功和失败分析中发现的最佳实践通常与表格、指南、模板和清单的变化相关。在项目后评审中，组织很少花费精力去识别与行为相关的最佳实践，而这很可能是项目失败的根本原因。

意义建构使组织能够解决可能导致失败的心理障碍（Sitkin，1992）。正如莫瑞阿伊斯-斯托茨（Morais-storz）等人所述：

> 失败对于有效的组织学习和适应至关重要，有以下几个原因。失败有助于组织发现难以提前预测的不确定性（Sitkin，1992年），激发学习准备状态并推动学习和适应（Cyert和March，1992年），增加寻找风险的行为（Kahneman和Tversky，1979年），并作为触发器引发组织的关注（Van de Ven et al.，2008年）。

组织从失败中学习后如果表明需要进行如组织文化、业务模型或流程等的重大变革，这可能会对组织产生颠覆性影响。创新项目通常不会像传统项目那样精心规划。使问题进一步复杂化的原因是，大多数创新项目的项目经理直到组织管理层批准并考虑了该项目的优先级，确定了制约因素，并说明了团队应该遵循的假设条件后才加入项目。因此，创新项目的项目经理执行的项目计划既不是其参与制订的，也不是团队参与制订的。相反，意义建构通常发生在协作的环境中，可能涉及大多数团队成员。另外，最初的项目计划可能仅由少数几个人参与制订，其中大多数人从未管理过创新项目。

众多文献中讨论的项目计划制订的各种方法通常适用于传统或运营项目，而非创新项目。市面上还缺乏有关以下内容的相关文献：关于从失败与回顾性意义建构中获得的知识如何影响创新项目的重新构建，尤其是在挑战自满、使用现有流程和处理模糊性等方面。

成功的失败

也许对于战略项目，如创新项目，最大的心理障碍之一是组织变得自满并拒绝质疑其假设条件、商业模式及业务经营方式。该组织通常在财务上是成功的，并相信其将在未来数年内继续保持财务成功。因此，盈利能力和市场份额变得比

第3章 理解问题

创新更为重要，这可能对项目团队造成重大的心理障碍。市场一定会发生变化，组织的盈利能力将受到侵蚀，包括创新在内的战略项目将成为首要任务。但到那时，成功的失败可能已经对公司造成了不可逆的损害，使公司难以恢复。

成功的失败环境的特征包括：

- 维持现状至关重要；
- 大多数决策都是为了短期盈利；
- 维持目前的市场份额比投资机会更为重要；
- 高级管理层职位由财务人员担任，而非创造了良好增长愿景的市场和销售人员担任；
- 高管拒绝质疑任何假设条件，因为他们害怕改变现状；
- 没有人质疑促进成功的指导原则；
- 预期VUCA环境将保持稳定；
- 公司保持非常低的风险承受力；
- 组织的商业模式不需要任何变化；
- 公司将继续使用相同的供应商和经销商；
- 组织领导层不需要进行任何变革；
- 没有为未来一代管理者制定规划；
- 组织文化基于从顶层到底层的命令和控制，无人以人性化的方式支持创新和自由思考的环境；
- 公司的奖励体系没有任何变化；
- 在项目管理流程变革或持续改进方面做最小的努力；
- 除了一些小的增量创新活动，没有足够的资金支持创新项目；
- 创新项目的失败如果对盈利能力没有产生即时影响，则会被忽视；
- 没有使用意义建构实践。

在成功的公司中，创新团队面临的关键问题是，上述所有特征都让团队成员必须处理复杂的关系。正如詹姆斯·奥图尔（James O'Toole）在1983年所述：

创新需要组织具备识别环境变化的能力，并制定政策和战略，使组织能够利用这些变化创造机会。具有讽刺意味的是，最成功的公司很可能忽视这些变化，因为在事情进展顺利时进行干预似乎是非常冒险的。

公司奖励体系也鼓励短期、安全和保守的行为。项目失败给管理者带来的"惩罚"要远远大于成功冒险带来的"奖励"，即使这些失败超出了管理者的控制范围。创新者面临的另一个问题是在新产品开发、执行制造流程和行政实践方面实施变革时需要过多的审批层级，这会导致障碍和延迟。

克服成功的失败可能需要公司努力改变其管理系统、文化、商业模式和奖励体系。即使存在必要性，部分公司也不会对变革管理相关的倡议做出积极响应。当组织的商业模式需要改变时，人们可能会被迫走出他们的舒适区，这是最大的风险。因此，有些公司可能会以隐秘的方式进行创新活动，以免扰乱现状。

一个家居制造公司拥有一个研发团队，该团队维持现状，并且主要专注于渐进式创新，而非颠覆式创新。市场部希望研发团队开展几个颠覆式创新项目。然而，由于担心疏远高级管理层，研发团队将市场部要求的创新项目的优先级设定得很低。于是，市场部只能在其内部任命工作人员担任创新项目经理，并以隐秘的方式执行这些工作。

如果一个组织希望在创新项目管理方面取得优异的成绩，其必须理解能够将失败转化为成功的过程。发现问题是至关重要的。此外，组织必须培养支持失败分析及配套的变革管理的领导风格，以进行回顾性和前瞻性的意义建构实践。

第 3 章　理解问题

问题讨论

1. 解决项目问题为什么通常比预期时间长很多？有哪些影响因素？
2. 为什么有些项目团队经常匆忙地参加问题解决会议？
3. 有哪些因素使一些项目管理问题难以解决，甚至不可能解决？
4. 识别问题时指标有多重要？
5. 为什么有些个人或团队的问题解决是秘密进行的？
6. 有些项目团队能够将看似失败的项目转化为成功的项目，主要原因是什么？

参考资料

Cyert, R.M. and March, J.G. (1992). *A Behavioral Theory of the Firm*. Cambridge, MA: Wiley-Blackwell.

Kahneman, D. and Tversky, A. (1979). Prospect theory: an analysis of decision under risk. *Econometrica* 47 (2): 263–291.

Kerzner, H. (2022). *Innovation Project Management*, 2e. Wiley: Hoboken. Chapter 11, Section: Post-Failure Success Analysis.

Morais-Storz, M., Nguyen, N., and Sætre, A.S. (2020). Post-failure success: sensemaking in problem representation reformulation. *Journal of Product Innovation Management* 37 (6): 483–505.

O'Toole, J. (1983). Declining innovation: the failure of success. *Human Resource Planning* 6 (3): 125–141. Sitkin, S.B. (1992). Learning through failure: the strategy of small losses. *Research in Organizational Behavior* 14: 231–266.

de Ven, V., Andrew, H., Polley, D. et al. (2008). *The Innovation Journey*. Oxford: Oxford University Press.

第 4 章 数据收集

理解数据收集

数据收集技术在《PMBOK®指南》的所有知识领域都是必需的，因此数据收集是每个参与项目的人都需要掌握的一项交叉技能。在没有所有必要信息的情况下做出正确决策可能是困难的，甚至是不可能的。项目越大、越复杂，就越需要有效的数据收集技能。遗憾的是，项目团队使用的组织过程资产、企业项目管理方法论和框架未必能够提供管理项目所需的所有信息。如果团队收集了错误的信息，情况甚至可能变得更糟。

在《PMBOK®指南》中范围管理知识领域，数据收集技术被用于收集需求，这是记录干系人需求以满足项目目标的过程。缺乏有效的数据收集可能会使满足客户和干系人的期望变得不可能。

在管理项目时，项目经理不能期望组织过程资产提供所有必要的信息。尽管通常没有明确定义，但项目经理的工作是收集所有必要的信息，无论是单独完成还是通过团队完成。如今，项目团队可以在公司维护的知识库内访问他们需要的许多信息。遗憾的是，由于项目的独特性，知识库不会包含所有所需的信息。

数据收集的原因

除了收集需求，数据收集技术还用于：

- 决定要做出什么决策；
- 预测决策可能产生的影响；
- 确定必要的行动；
- 确定问题的根本原因；
- 确定计划偏离的原因，包括有利和不利的方面；
- 确定所需资源的数量和等级；
- 确定可能发生的风险及管理方式；
- 选择供应商；
- 合同谈判。

尽管大家都强烈支持在项目管理中使用测量指标，但我们应该理解测量指标只是针对某个标准或基准的测量。测量指标可以识别一部分问题，但项目需要发现额外的信息。总的来说，大多数测量指标更多地表现为绩效，而不是潜在问题的原因。例如，不利的成本偏差可能是一个问题，但真正的问题是导致成本偏差的原因。

数据收集技术

有多种数据收集技术可供选择。选择何种技术基于所需要的信息、信息的时机、提供信息的人员、信息的关键性，以及信息必须支持的决策类型。每种技术都有其优点和缺点。有些数据收集技术相对简单，可以迅速完成数据的收集，但总的来说，通过数据收集技术收集数据是耗时的。数据收集技术包括：
- 根本原因分析；
- 专家小组；
- 引导；
- 问卷；
- 调查；
- 访谈；
- 观察和测量；
- 原型法；
- 图解技术，如因果图；
- 绩效审查；
- 案例研究分析。

仅使用一种技术可能不足以满足需求，可能需要使用多种技术来获取所有必要的数据。

测量指标与早期预警信号

大多数项目不会在一夜之间出现问题。通过选择适当的项目测量指标，可以提前发现一些早期预警信号。在问题变得严重之前解决问题要容易得多。

如今，我们相信测量技术已经发展到可以测量任何事物的程度。有些测量技术是定性的，有些是定量的。仅仅在项目上使用进度、成本和范围测量指标的时代正在消失。如今，一家公司可能拥有包含数百个测量指标的测量库。

在项目开始阶段就要进行风险管理。风险管理过程的一部分是识别可能在项目中发生的潜在问题，并创建测量标准和风险触发器，以提供问题可能发生的早期预警信号。为了做到这一点，公司拥有以往项目的经验教训文件、最佳实践和测量库，以及项目记录。

第4章 数据收集

在项目早期为可能发生的许多问题构建核心测量指标当然是一个好主意。然而，这可能并不实际。拥有的测量指标越多，跟踪、测量和报告这些指标的成本就越高。但是拥有一些测量指标肯定比没有测量指标要好。

拥有能够识别成本超支或进度延迟的指标是很好的，但它并不能确定问题的根本原因。如果将这个指标与另一个指标一同使用，该指标也许能够识别已分配资源的数量或已分配资源的质量（薪资等级），你可能就会更好地理解问题的原因或开始寻找问题所在。

经验丰富的治理人员通常能够预测在某些项目中可能会发生的问题。然后，他们会构建针对这些问题的具体测量指标，以帮助提供解决问题所需的信息。

要问的问题

有效的数据收集需要了解要问什么问题。虽然问题的提出确实取决于问题的类型，但典型的问题可能包括：

- 还有其他主题专家可以协助解决问题吗？
- 有多少个问题？
- 是否存在潜在的问题？
- 问题的范围是什么？
- 问题是在恶化、改善还是保持稳定？
- 之前的项目是否存在这个问题？
- 问题是否可以量化？
- 能确定问题的严重程度吗？
- 有哪些有形展示（可以感知到的实物，如产品、文档。——译者注）可以用来识别问题？
- 是谁发现了这个问题？
- 最初是向谁报告的？

- 是否有收集额外信息的行动计划?
- 处理这个问题的团队成员是否合适?

建立数据收集、问题解决和决策制定的结构化流程

历史表明,当项目在启动、规划、执行、监控及收尾所有阶段都有路线图时,项目管理的绩效会显著提高。当然,每个阶段都包括问题解决和决策制定活动,所有这些都涉及某种形式的数据收集。大多数项目经理更喜欢以数据收集作为某种结构化流程的开始。这些路线图不必基于严格的政策和流程,可以使用表格、指南、模板和清单构建。后者在项目管理过程中为项目团队提供了更大的灵活性。

如今,越来越多的公司正在开发自己的数据收集、问题解决和决策制定流程。这些流程由模板支持,模板会通过吸取的经验教训和最佳实践进行改进。在问题解决和决策制定方面,不同公司使用的步骤有很多相似之处。没有这些模板,数据收集、问题解决和决策制定将是临时的而非结构化的。

确定步骤

理性思考者更喜欢使用顺序步骤进行数据收集、问题解决和决策制定。公司在构建结构化流程时可以选择以下几个步骤:

- 识别问题;
- 理解问题;
- 收集数据;
- 理解环境影响;
- 理解假设条件;
- 理解制约因素;
- 理解问题的边界和解决方案的范围;

第 4 章 数据收集

- 组建问题解决团队（如果尚未组建）；
- 生成备选方案；
- 重新定义假设条件和制约因素；
- 评估权衡；
- 评估解决方案的影响；
- 选择最佳方案；
- 方案获得批准；
- 实施方案；
- 监督和控制方案。

大多数公司都会执行所有这些步骤，但很多公司并没有将这些步骤明确地定义为结构化的流程。此外，许多步骤可能是并行进行的，而不是按顺序先后进行的。

▎问题讨论

1. 与数据收集相关的风险是什么？
2. 典型的项目测量指标是否能够确定问题或绩效的根本原因？
3. 如果我们相信今天几乎可以测量任何事物，那为什么许多项目团队仍然专注于仅测量进度、成本和绩效？
4. 在项目中是否应该建立某种形式的数据收集的结构化流程？
5. 数据收集过程中耗时最长的步骤通常是哪些？这些步骤是项目特有的吗？

第 5 章
会　议

问题分析特征

在讨论会议时，区分问题分析会议和决策制定会议非常重要。这两个概念是完全不同的。必须先进行问题分析，在问题分析中收集的信息可用于决策制定。

问题分析包括以下内容：
- 分析绩效，期望的结果应该是什么样的，实际情况又是什么样的；
- 问题仅仅是与绩效标准、基准或期望的偏差；
- 必须准确识别和描述问题；
- 问题是由某些变化或某些特征的变异引起的；
- 总能找到一些事物来区分哪些受到原因影响，哪些没有；
- 问题的原因可以从分析问题时发现的相关变化中推导出来；
- 能够准确解释所有现象的原因一般是最有可能的原因。

正如挣值测量系统一样，如果使用得当，根本原因分析可用于帮助识别问题。

第5章 会 议

再次强调，项目上施加的制约因素可能决定问题分析的时间。与问题相关的潜在风险也可能影响问题分析和决策制定的时间与成本。

真实的问题与个人的问题

我们通常认为大多数问题是真实存在的并需要解决，但并非总是如此。有些问题是因为个人的个性和某些人可能存在的隐藏动机而产生的。如果能够获益，有些人可能会刻意制造只能由他们解决的问题。例如：

- 解决问题将使其拥有更多权力；
- 解决问题将赋予其更多权威；
- 解决问题将削弱他人的权力和权威；
- 因为是唯一有能力解决问题的人，这将改善其形象和声誉；
- 其将被视为有创造力的思想者；
- 这将丰富其简历；
- 这在绩效评估中是加分项；
- 这将确保其职业的稳定性。

首先要确定问题是否真实，以及是否存在简单的解决方案。许多年前，一位部门经理担心公司会进行裁员，使其失去部门经理的职位。为了保护自己，他在明知问题会发生、多个项目可能会受到影响的情况下，把相互矛盾的指令下达给项目团队成员。这导致了返工，并为多个项目制造了问题。然后，部门经理召集了那些项目进度落后的项目经理召开问题解决会议。部门经理在与高级管理层的会议上表示，他的几乎所有员工都是需要持续监督的糟糕员工，而问题只能由部门经理亲自解决。他将更为密切地监督这些糟糕的员工。部门经理为虚构的问题提供了解决方案，并表示他将在几个月内解决这些问题。

部门经理认为他的职位目前是安全的。但项目经理们并没有被愚弄。项目经理们发现了真相，最终，部门经理因为他的所作所为而被解雇。项目经理们发现，这并不是一个需要使用问题解决和决策制定技能来解决的真实问题。

一个人是否有隐藏动机可能很难确定。客户和干系人可能会有隐藏动机，公司内部的人员也可能有隐藏动机。

确定谁将参加问题解决会议

问题无法凭空解决。因此有必要召开问题解决会议，会议的难点在于确定谁应该参加。如果人们与问题无关或问题与他们的工作无关，那么让他们参加这些会议可能是浪费时间，对于一些团队成员来说也是如此。例如，如果问题涉及采购，那么没必要让绘图人员参加会议。然而也有例外情况，一些人并不受决策的影响，可能也会提出好的解决方案。

为了简单起见，我们将只考虑两种类型的会议：问题解决会议和决策制定会议。问题解决会议的目的是清晰地了解问题，收集必要的数据，并制定一份包含建议的可行备选方案清单。会议可能需要多次进行。

会议议程很重要。议程应包括问题陈述，项目经理需要清楚地解释召开会议的原因。如果人们能够事先了解问题，他们将有机会提前思考问题并带上必要的信息，从而减少数据收集的时间。也有可能收集到的信息将揭示实际问题与最初识别的问题有很大不同。

熟悉问题的主题专家的出席是至关重要的。这些主题专家可能不是最初的项目团队成员，而是公司邀请来专门解决这个问题的人。主题专家也可能是公司聘请来协助解决问题的供应商。

参与问题识别和数据收集的成员通常会留下来参与备选方案的制定，但也会存在一些人只参与备选方案制定的情况。

确定谁将参加决策制定会议

决策制定会议与问题解决会议不同。通常，所有参加问题解决会议的与会者都很可能参加决策制定会议，同时可能还会有许多其他与会者。项目团队成员应具有解决问题的能力，但并非所有团队成员都有权代表其职能部门做决策。项目经理应在项目启动阶段就要确定哪些团队成员拥有这种权力。没有决策权的团队成员仍可以参加决策会议，但在需要做决策并进行投票时可能要由他们各自的职能经理陪同。

干系人一定要出席决策制定会议。做决策的人必须有权将资源投入问题的解决方案中。这一承诺可能涉及额外的成本、主题专家和薪资较高的员工。

项目经理负责解决方案的实施。因此，项目经理必须有权及时获取解决问题所需的资源。

建立会议框架

对于问题解决会议，事先创建问题的认知框架很重要，这包括在会议中应该完成的工作以及会议的限制条件。并非所有参加问题解决会议的人都对问题很熟悉。有些人对问题可能只有粗略的了解，而其他人可能在会议之前甚至不知道问题的存在。

这个认知框架应该包括已知的关于问题的所有信息。在会议中可能会有额外的信息涌现出来。如果可能的话，会议的邀请函和/或议程中应该包含这个框架。在会议之前通知与会者有关问题的信息可以让他们提前思考问题，甚至进行一些初步研究。当人们在会议之前了解框架时，他们通常会为参加会议做更充分的准备，并且可能会向会议的组织者推荐其他应该受邀参加的人员。

确定问题解决与决策制定的限制条件

问题解决和决策制定的过程可能会持续很长时间。因此必须及早确定一些限制条件。其中一些限制条件包括：

- 用于解决问题的时间；
- 项目愿意为解决问题投入的资金；
- 可用于解决问题的资源数量；
- 分配的资源是否具备所需的技能；
- 可用于测试或其他活动的设施；
- 项目对公司的重要性；
- 项目对客户的重要性；
- 项目对干系人的重要性；
- 项目和问题的关键性。

人们经常会在问题陈述甚至会议议程中才确定限制条件。人们越早了解限制条件，越能够及时地做出决策。

确定边界条件

前面讨论了会议的限制条件，同时还必须为问题的解决方案设定限制条件或边界条件，这些限制条件可能会影响备选方案的选择。

我们知道，在解决问题并确定备选方案时，资金是有限的，实施解决方案的时间也是有限的。我们将这些视为限制条件，同时它们也是边界条件。边界条件可以由客户、干系人和最终使用可交付物的用户确定。边界条件可能包括：

- 项目的进度、成本、质量和范围的制约因素；
- 不增加项目剩余工作的风险；

- 不改变项目剩余工作的范围；
- 不改变公司正常工作流程；
- 不进行过度设计；
- 不包含非必要的功能；
- 只有有限数量的额外资源可用于解决问题和实施解决方案；
- 不违反职业安全与健康管理局和环境保护局等监管机构的要求；
- 产品的售价不能超出客户愿意支付的范围。

了解人们在会议中的反应

参与问题解决和决策制定的团队会议通常会导致人们以非理性的方式行事，特别是如果会议的结果可能对他们个人产生负面影响时。对于与问题的原因密切相关的人尤其如此。会议可能还邀请了以前从未一起工作过的人，因此不知道他们将如何对待问题或解决方案。在会议中需要密切关注持以下态度的人。

- 攻击者：即使只有一个人有问题，攻击者也会批评每个人都是问题的一部分；
- 魔鬼辩护人：拒绝承认真正原因，总是辩称问题还有其他原因，除非受到威胁；
- 控制者：试图接管会议，声称对问题和解决方案了如指掌。这是一次炫耀自己的机会；
- 寻求认可者：始终坚持自己对问题及解决方案的看法；
- 退缩者：可能害怕批评，不想被认为自己有问题。

会议中可能出现持其他态度的人，但以上这些人是在项目管理中最常见的。

在会议期间和与会者合作

如果必须确定问题并找到备选方案，那么基于传统方式与人们合作可能行不通，特别是如果在会议中有持上述态度的人。在这类会议中会有争吵和冲突。项目经理或会议主持人必须创造一个有助于取得成功结果的环境。鉴于与会者的构成和问题的严重性，项目经理可以说或做一些事情，使人们更容易参与。项目经理可以使用的一些表达方式包括：

- 这可能是真正的原因，还是这可能奏效？
- 以前尝试过类似的方法吗？
- 以前发生过这种情况吗？
- 其他公司曾经遇到过类似的问题吗？
- 你的想法很有价值！
- 你的想法很好，但我们可能需要做一些小改变。
- 你所说的将对我们有很大帮助。
- 我们是不是在说……
- 让我用自己的话重申一下你刚才说的话。
- 我们看看能不能将这个问题放到更广阔的视角下考虑。
- 你的想法和我的想法很接近。
- 我们不是在说同一件事吗？
- 让我们看看是否能达成一致。
- 让我们看看团队其他成员对此有何感受。
- 还有人没有发表意见吗？
- 我们准备做出决策，还是我们需要额外的信息？
- 我们是否应该保持开放的选项？

很明显，这些表达方式表明了项目经理正在寻求反馈。

根据要解决的问题的严重程度，会议主持人可能不是项目经理，而是专门接受过引导技能培训的人。项目经理会参加会议，但不担任主持人。

会议中的领导力技巧

领导者或项目经理可以采用几种技巧来推动会议取得最佳结果。这些技巧包括：

- 鼓励人们发言；
- 提出深入的问题；
- 避免可能产生反作用的问题；
- 控制情绪；
- 征求反馈；
- 提供建设性的反馈而不是个人批评；
- 了解团队成员及其需求和兴趣；
- 了解所有备选方案和决策的法律影响；
- 抵制试图操纵局面的行为。

处理问题解决和决策制定的冲突

在项目管理中，冲突和冲突解决是工作的一部分。一些冲突可能具有较高的等级，因此更难解决。并非所有冲突都是不好的。人们经常为自己的观点辩护，如果他们提出重要的额外事实，那么冲突可以继续。这些类型的冲突通常叫作"建设性冲突"。

在问题解决和决策制定的会议中，通常会邀请那些可能会反对决策的人。这些人通常会提供大量数据来支持他们的立场，很多时候，额外的信息会导致可选择的备选方案发生变化。

并非每个人都会同意问题的原因分析、备选方案或决策。即使团队做出了最终决策，一些冲突可能继续存在。期望每个人都同意最终决策是不切实际的。

在这种情况下，项目经理或会议主持人必须对冲突管理有合理的了解。如果预计会议中会有很多冲突，那么最好由专业的引导者担任主持人，而不是由项目经理担任。

持续性解决方案与增强项目解决方案

并非所有问题都需要立即解决。一些问题可能需要立即解决，而其他问题可以集中在一起，稍后通过增强项目解决。例如，一个制造工厂的库存管理软件项目，在项目进行得很顺利之后，工厂希望对软件进行更新。项目经理认为，随着问题的不断出现，解决出现的所有问题并不现实，因为这会推迟原有项目的启动日期。在这种情况下，项目经理可以在原有项目完成后的某个时间点启动一个增强项目来单独解决这些问题。当然，并非所有问题都可以推迟到未来解决。

在持续性的问题解决过程中，项目的进度绩效不仅会下滑，而且会出现缺乏合格资源的情况。大多数公司没有多余的闲置资源等待任务分配。不可用的资源可能会进一步使进度延迟。

问题解决与范围蔓延

项目经理通常认为大多数问题必须通过范围的变更来解决。结果就是范围蔓延。范围蔓延是在项目可交付物正在开发的过程中不断增加项目需求的现象。范围蔓延经常被合理化，成为在项目管理过程中为了解决问题必须扩大的项目范围。

范围蔓延是一种正常现象，我们必须接受"它一定会发生"的事实。范围蔓延可能产生积极的结果。但另一方面，并非所有问题都需要变更范围。范围蔓延不仅是允许范围变更的表现，也是我们问题解决能力的体现。在这方面，项目经理应该问自己：

- 是否需要通过变更范围来解决这个问题？

- 关于解决方案，客户的观点总是正确的吗？
- 我们是否充当了魔鬼辩护人？在没有变更范围的情况下会发生什么？
- 需要变更范围的解决方案是否会导致其他范围的变更？

危机项目的问题解决和决策制定

危机项目的问题解决和决策制定与普通项目的问题解决和决策制定有明显的区别。危机项目是那些已经或可能导致生命丧失或可能对公司造成重大损害的项目。例如，由于产品篡改和使用故障设备而导致人员伤亡事件。涉及人员生命时，区别包括：

- 时间是一个极为关键的限制条件，而不仅仅是一个普通的限制条件；
- 生命周期阶段的衡量是以小时或天为单位的，而不是周或月；
- 问题解决和决策制定团队的负责人可能是项目发起人或高级管理层，而不是项目经理；
- 没有足够的时间来完全了解问题的根本原因；
- 问题解决和决策制定会议可能包括来自所有干系人的代表，包括那些过去主要是观察者的政府机构；
- 新闻媒体可能对问题解决的方案兴趣浓厚，必须非常谨慎地与其沟通；
- 与媒体的沟通通常由高级管理层的某人处理，而不是项目经理；
- 为解决问题选择的备选方案必须尽快实施；
- 未来的风险和诉讼可能性是选择备选方案时的一个重要因素。

向客户演示决策

解决潜在问题并就解决方案做出决策并不意味着该决策可以直接实施。项目经理必须向客户演示，以获得他们对解决方案的认可。项目经理的演示方式对于让客户认可解决方案至关重要。

好的解决方案必须满足两个要求。首先，此解决方案必须在技术、财务、组织和法律上都是可接受的并满足客户需求的。其次，客户必须了解选择该解决方案的理由，并完全同意它满足了自己的需求。

演示的内容以及演示的方式至关重要。项目团队很少能够提出一个完美的问题解决方案。要满足一个问题上强加的所有限制条件是不切实际的。项目经理需要演示多个备选方案，以及选择推荐备选方案的理由。这样做可以让客户认为项目经理已经考虑了所有的备选方案，没有其他更好的解决方案了。如果客户对项目经理提出的解决方案仍然不满意，可能会直接主导解决方案的选择，这并不符合公司的最佳利益或项目的最佳利益。

项目经理可以通过演示文稿向个人或大团体展示完整的解决方案，以获得共识。知晓谁将出席以及他们对项目的了解程度有助于项目经理正确设计演示文稿并预测客户提出的问题。这有助于项目经理提前思考如何回应可能存在的未解决问题。

了解听众有助于确定演示文稿的恰当措辞。正如金（King）所说：

演示文稿的风格必须按照这个主题的听众的需求进行结构化设计。对于任何演示文稿都有一些通用的指导原则。应该假设听众是聪明但不了解细节的，以此为基础构建演示风格，应该避免在演示时显得"居高临下"或"过于专业"。

除了制作一个好的演示文稿，还需要考虑其他因素。根据金的说法，其他考虑因素包括：

- 提供演示的物理环境。包括所需或可用的房间的大小、形状和位置。
- 听众的心理情绪。听众中友好、不友好或持怀疑态度的人数可能对演示方式产生重要影响。
- 演示的时长。在演示中，你需要多少时间来呈现你想提出的论点？听众能为这个主题分配多少时间?
- 与其他演示的关系。听众的日程表中是否有其他演示或会议可能会影响其心理状态?
- 一天中的时间。一天中的什么时间最适合向听众演示这个主题?为这次演示安排了一天中的什么时间?如果需要,是否可以修改时间?

问题讨论

1. 项目经理如何确定问题是不是需要解决的"真实"问题?
2. 识别问题的原因是不是某人隐藏动机的结果,是容易还是困难?
3. 准备会议议程的好处是什么?
4. 谁来确定决策制定会议的参与者?
5. 为什么应该为会议设定时间限制?
6. 会议的"边界条件"示例有哪些?
7. 如果一些与会者在会议中就讨论的问题发生冲突,项目经理应该说什么或做什么?
8. 问题解决和范围蔓延之间是否存在关系?
9. 危机项目的问题解决和决策制定与传统项目的问题解决和决策制定有何不同?
10. 谁应该向客户演示解决方案?

参考资料

L. Thomas King (1981). *Problem Solving in a Project Environment*. Wiley, p. 137.

第 6 章
开发备选方案

寻找备选方案

备选方案的识别和分析是问题解决和决策制定的一个重要组成部分,对备案方案有一些评价标准。这些标准可能基于成本收益分析,或者仅仅考虑项目的成本、进度和范围基准。团队后续会在考虑所有标准的情况下,根据标准对决策者的吸引程度对备选方案进行排序。目标是找到最佳备选方案或确定每个备选方案的相对优先级。

备选方案的数量通常取决于项目的限制条件。例如,如果实际进度慢于基准进度,那么项目经理可能有五个备选方案:加班、将某些工作并行开展、为项目添加更多资源、将某些工作外包给成本更低的供应商或缩小项目的范围。每个备选方案都有优缺点。如果目标是降低成本,那么可能只有一个可行的备选方案,即缩小范围。

由于项目的复杂性,不能指望项目经理凭空确定所有备选方案。团队应参与

第 6 章　开发备选方案

备选方案的确定和优先级的排序。如果团队没有能力确定备选方案，那么项目经理可能需要职能领域的主题专家的额外支持。在某些情况下，干系人或外部供应商也能够提供确定备选方案所需的信息。

分析备选方案需要考虑的变量

在分析备选方案时，必须考虑几个变量。这些变量通常是项目特有的，并基于问题的大小、性质和复杂性。以下是适用于分析大多数备选方案的核心变量。

- 成本：每种备选方案都涉及成本。这不仅包括实施备选方案的成本，还包括对项目剩余工作财务影响的成本。
- 进度：实施备选方案需要时间。如果实施时间过长或不能与其他项目工作并行开展，可能对项目的最终完成日期产生重大影响。
- 质量：必须注意，解决问题的速度不能导致项目可交付物质量下降。
- 资源：实施解决方案需要资源。问题在于可能无法获得具有必要技能的人员。
- 可行性：一些备选方案表面上看似可行，真正实施时却不可行。决策者必须考虑备选方案的可行性或复杂性，否则问题可能变得更糟。
- 风险：一些备选方案使公司面临的风险增加。这些风险（甚至是机会）可能在项目完成后很久才会发生。

了解备选方案的特性

前面我们讨论了在分析备选方案时必须考虑的一些变量。现在，我们深入探讨备选方案包含的特性。很多时候，每个备选方案都可以包含多个特性。了解边界条件的目的是知道每个特性的重要性。这些特性可以分为以下几类。

- 必须具备：任何不包括此特性的备选方案都应该放弃。

- 应该具备：在大多数情况下，备选方案中应该包含这些特性。不考虑这些特性可能导致绩效下降。如果包含这些特性会导致在满足竞争性制约因素时产生不利后果，则可以省略其中一些特性。
- 可能具备：这些通常是用于增强性能的附加特性，但不一定属于项目需求。这些特性属于"锦上添花"，在确定最终解决方案时并非必需。这些特性通常被形容为"镀金工作"。

开发混合备选方案

在评审了各种变量并评估了所有备选方案之后，项目团队有可能得出的结论是，所有备选方案都是不可接受的。在这种情况下，项目经理可能不得不选择"最不差"的方案。例如，以必须遵守环境保护局规定的公共事业公司为例，公司对所有备选方案都不满意。但根据法律规定，问题必须解决，必须选择其中一个备选方案。

在评估备选方案后，最佳方案可能是多种备选方案的组合，这被称为混合备选方案。备选方案A可能风险较高但实施成本较低。备选方案B可能风险较低但实施成本较高。通过结合备选方案A和B，我们可能能够得出一个成本和风险因素可接受的混合备选方案。

幽灵备选方案

项目决策制定通常围绕从高优先级备选方案列表中选择一个备选方案展开。幽灵备选方案是在决策时看起来是可行，但由于某种原因可能无法实现的方案。幽灵备选方案可能基于所需资源、软件开发、承包商可用性或有利的测试结果的假设条件或制约因素来制定。在这种情况下，决策者选择幽灵备选方案可能充满风险和不确定性，并导致问题解决效果不佳。

基于幽灵备选方案的决策制定是困难的。有两种极端情况。第一种情况，方案在当前是可行的，但是在将来不可行。第二种情况，方案在当前是不可行的，但在将来可行。当然，还存在中间的各种情况。

幽灵备选方案在问题规划阶段并不总是容易被识别。有时，当识别出幽灵备选方案后，决策者会变得非常乐观，寄希望于最好的结果，并忽视了下游的风险。因此，幽灵备选方案的问题可能在项目后期浮出水面，并导致问题解决的选择减少。

权衡

权衡是决策制定时的必经过程，最常见的结果是为了在项目的某一部分获得收益而牺牲项目的另一部分收益。混合备选方案就是一种权衡的结果。权衡通常是在项目的竞争性制约因素上进行的。例如，如果要保证可交付物的质量，我们可能需要提供更多资金，允许更长的交付时间，或者两者兼而有之。当我们有几个看似不错的备选方案并试图将每个备选方案的最佳特性压缩成一个单一备选方案时，我们还要使用权衡分析技术。这涉及合并备选方案所需的权衡，而不是在备选方案之间权衡。

虽然参与问题解决和决策制定的许多人是其所在领域的专家，能够提出解决问题的现实备选方案，但他们通常缺乏理解权衡及其影响的能力。例如，满足客户质量要求的解决方案可能是在进度计划中增加一些额外的工作时间，但成本可能过高。此外，这可能对依赖我们进度的其他供应商的财务绩效产生影响。

尽管有项目团队之外的人员制定备选方案，但通常项目团队最适合权衡评估备选方案。项目团队之外的人员可以解决特定问题，但可能无法看到整体图景和其建议的全部影响。

选择备选方案中的常见错误

备选方案选择过程与其他问题解决过程一样，容易出现错误。这些错误可能是偶然的，也可能是有意为之的。常见的错误包括：

- 某种备选方案的时间和成本被严重低估，使这个备选方案在决策者看来非常有吸引力。提供估算的人可能有意这样做，因为如果选择了这个备选方案，他们可能会获得个人利益或认可。当然，这是以项目为代价的。
- 对某个备选方案的支持过于乐观，以至于隐藏了真正的实施风险。这可能是最昂贵的备选方案，随后公司会要求客户为有利可图的范围变更提供资金支持。
- 对某个好的备选方案的支持过于悲观，希望客户会选择更昂贵的备选方案。

项目范围变更管理的决策制定

并非所有项目的问题解决都需要范围变更。对于合同项目，常使用合同政策来批准包括范围变更在内的决策流程。合同的类型和条款决定了允许的范围变更类型。

范围变更对项目的影响因个别项目的性质和客户需求而异。并非所有范围变更都是问题导致的，但它们确实需要进行决策制定。合同变更可能既是机会也是挑战，这可能会使项目成功或失败。合同变更可以提供额外的销售额并增加利润。但如果处理不当，它们可能对利润和管理者的声誉产生不利影响。挖掘范围变更的潜力对整个组织都是一个挑战。

未经正式的合同变更而进行的额外工作总是导致该额外工作的费用增加或利润损失。若合同类型是成本加固定费用（Cost Plus Fixed Fee，CPFF），这将导致费用在总合同中的百分比减少。若是成本加激励费用合同类型，这将导致供应商承担超出目标费用一定比例的成本。若是总价加激励合同类型，一旦达到价格上限，或者在固定总价合同中一旦超过合同价值，所有额外的费用都将从公司的利润中扣除。这可能导致供应商不愿意提供潜在问题的最佳解决方案。

在存在大量范围变更可能性的合同中，公司的整体形象和声誉可能取决于其在正确识别和控制变更方面的成功。同时，公司人员必须具备相当成熟的判断力，以确保公司在管理和执行方面的胜任形象不因频繁的变更请求而受损，这些变更请求可能是为了纠正技术缺陷或合同疏漏。一般来说，技术缺陷和合同疏漏应该通过"无成本"变更方式引起客户的注意，以避免让客户和供应商感到尴尬。

影响范围变更的常见因素

有许多因素影响特定项目中合同变更的数量和范围。因此，项目的情况各不相同，有的没有变更，有的则变更频繁。影响合同变更范围的因素包括以下几个。

- 客户：特定客户、特定个人及其对变更的态度和做法可能会显著影响变更问题的性质与数量。这种情况经常在客户不确定满足其需求所需的工作量，或者某人有隐含动机需要实现的项目中发生。应该尽一切努力在合同初期识别这些因素，并据此进行指导。

- 项目生命周期阶段：随着项目从概念形成到全面执行的生命周期阶段的推进，合同变更的性质、成本和进度影响都会有很大的差异。对于任何给定的变更，变更越早发生，其对成本和进度的影响就越小。通常情况下，制造项目的重复订单阶段，变更的程度会最小。

- 项目生命周期阶段的并行：一些客户越来越多地使用"并行"这一术语，以描述一种需要在生命周期阶段重叠开展的合同事件。如果要求按照顺序进行的工作并行进行，则可能显著增加项目风险，并产生额外问题。例如，在测试和原型开发完成之前就开始硬件制造可能导致问题数量的增加和相关范围的变更。

- 多地点和分包商：多个工作地点、主要分包商和联合供应商会产生多个接口，这可能在团队内部和客户的接口处引发变更。例如，基于分包商的相互依赖，可能无法就不同方面影响的范围变更达成共识。
- 项目/项目集的规模和持续时间：随着项目/项目集规模的增大，变更的数量通常也会增加。
- 合同类型：合同类型可能影响变更的程度。考虑到固定总价合同和成本加固定费用合同之间的差异，双方参与者可能更加关注范围定义和范围变更的影响。
- 变更的时机：对于大多数变更而言，有一个关键的时间点，它们应该在这个时间点之前得到正式批准和启动。在这种情况下，如果延迟批准和启动工作，项目的问题和成本可能会迅速增加。

问题识别的时机

及早识别可能导致范围变更的潜在问题非常重要。在项目的早期阶段，人们往往会低估变更对项目的重要性，并认为小的变更不会对项目产生严重影响。伴随着这种态度，人们倾向于接受这样一种观点，即变更或需求的修改可能是或应该是初始需求的一部分。应该从一开始就阻止这种观点，并强调即使小的个别变更也可能在累积，进而产生大影响。同时，我们必须构建一套方法和流程来识别和处理那些可能会随着项目进行而引发更多变更的问题。同时，要避免另一个极端，即因微不足道的问题而花费资金并惹恼客户。项目经理应该作为在合同上进行哪些变更决策的责任人，并且必须建立程序，以便考虑可能引起注意的变更。

项目早期阶段普遍存在另一种倾向，即对项目范围采取宽容的、不设任何限制的态度，客户当然会鼓励这么做。一些客户会认为最初的合同一定会有较多的改进和变更而无须额外的费用。人们倾向于接受这样一种观点，即"我们应该知

第6章　开发备选方案

道或理解某个需求是必需的"，而不认真审查合同的内容。应该从一开始就努力建立清晰定义和限定所需内容的合同基准，并确保公司人员了解并将他们的工作限制在范围内。

在系统工程或开发工程阶段，范围的变更可能不容易被察觉。这些变更可能以多种方式发生。例如，客户在没有合同支持的情况下提出的技术指导或建议，或者可能源于公司与其分包商之间的接口问题。对于项目团队来说，为了继续工作和改进设计，这些变更会很自然地发生。尽管这些变更不一定会导致问题，但它们很难被及时发现，可能需要指定负责的个人或小组进行特别审查和调查。

在大型工程项目中，也可能会存在范围变更的情况。应考虑指派个人或小组负责审查进行中的实际工作，以确定是否存在范围变更的可能性。与客户进行的技术会议应该被记录下来，并指派责任人来审查这些文件，以确定是否有范围变更。技术会议记录还应包括跨越公司接口以及与其他供应商或分包商接口的技术会议的必要文件。

如果预计项目会有很多范围变更，组织通常会考虑将特殊的任务当成团队的部分工作。根据团队的实际经验和变更的范围，组织可能需要指派一个或多个个人或小组来处理与变更相关的各种功能。如果新业务潜力足够大，可能需要指定特定的个人或小组来研究额外或扩展的项目需求，以便向客户提交建议书。

当客户对范围是否实际发生变更有所质疑时，可能会触发索赔工作。在大多数情况下，范围变更非常明确，而在有些情况下，索赔的有效性可能会受到质疑。对于有疑问的索赔，应由高级管理层处理，高级管理层基于对成功可能性、涉及的资金以及对客户关系的影响进行全面评估。当公司的收益大于可能索赔的金额时，则不应该搁置这种争议案例。

问题讨论

1. 用于问题解决的备选方案的合理数量是多少?
2. 项目管理中备选方案常见评估因素是什么?
3. 在讨论备选方案中包含的特性的重要性时,三个最常见的边界条件是什么?
4. 请举一个混合备选方案的例子。
5. 请举一个幽灵备选方案的例子。

参考资料

Kerzner, H. and Thamhain, H.J. (1986). *Project Management Operating Guidelines, Directives, Procedures, and Forms*. New York: Van Nostrand Reinhold. Chapter 11.

第 7 章
问题解决的创造力与创新

问题解决的创造力需求

并非所有的项目问题都可以通过简单地调整资源或修改预算和进度计划来解决。一些项目存在的问题可能需要更高水平的创造力来找到令人满意的解决方案。

项目经理通常假设一切都会按计划进行，并通过协商获取资源。人员配置的协商过程通常不考虑资源是否具备解决可能出现的挑战所需的创造力技能。

随着项目管理扩展到包括需要战略性和创新性结果的新型项目，人员配置过程必须考虑项目可能出现的问题，以及如何解决需要创造力的问题。

创造力和创造性思维

当项目经理负责一个高度复杂甚至可能是高风险的项目时，该项目的成功可能需要某种技术突破。团队不断遇到需要解决的问题。项目经理如何知道分配的资源是否具有创造力？创造力是解决各类问题的重要技能。

并非所有人都具有创造力，即使他们拿着高薪。人们可以长时间做重复性任务，以至于他们被视为主题专家。他们可能凭借经验和服务年限拿到最高等级的薪资。但这并不意味着他们具有创造力。大多数人认为自己是有创造力的，实际上并非如此。公司通常也不会为员工提供创造性思维的培训。

在项目环境中，创造力是运用自己的想象力提出新颖、原创的想法或方法以满足需求和/或解决问题的能力。公司通常基于人们的经验将其分配到不同的项目中。项目经理甚至是职能经理，很难知道这些人是否具有解决项目中可能出现的问题所需的创造力技能。除非项目经理之前与这些人一起工作过，否则很难知道人们是否具有想象力、灵感、独创性、创造力、远见和足智多谋等常见的创造力特征。

创造力和创新思维

在项目管理中，创造力是通过想象力产生新想法的能力，无论是针对问题的新解决方案，还是新的方法或设备。创新是将想法转化为现实来解决问题的能力，无论是产品、服务还是任何形式的可交付物。创新超越了创造性思维。

创造力和创新并不一定紧密相连。任何问题解决团队都可以提出无法实施的创造性解决方案。任何工程团队都可以设计一个工厂无法生产的产品（或对产品的修改）。

尽管大多数人认为创新似乎与研发团队所做的开发工作直接相关，但创新还涉及组织的所有业务职能部门（销售与市场营销、财务、运营等）为解决问题所做出的贡献。简而言之，创新作为解决问题的一部分，是团队努力的结果。

第7章 问题解决的创造力与创新

创造力、创新和价值

创新不仅是将想法变成现实，还是创造价值的过程。客户愿意为有价值的东西付费。无论最终的解决方案是什么，必须让客户认识到解决方案的价值。最理想的情况是，客户的需求和企业的战略能够在某种程度共享解决方案带来的价值。虽然从客户的角度来看，最终选择的备选方案可能会增加或减少最终可交付物的价值，但解决方案中必须始终存在某种形式的价值。

某些问题的解决方案可能会降低项目原始需求的价值。这被称为负面创新。在这种情况下，减少价值的创新可能对团队产生负面或破坏性的影响。人们可能会把负面创新看作对他们声誉和职业生涯的损害。

如果创新的风险太大，项目团队可能会建议采取某种形式的开放式创新。开放式创新是通过与公司外部的合作伙伴共享成果、共同分担风险和回报来实现的。许多公司对问题解决有创造性的想法，但缺乏实施解决方案的创新技能。在这种情况下，合作伙伴关系和合资企业可能是最好的解决方案。

负面创新

有时，我们在启动项目时充满期待，后来发生了一些可能导致项目被取消的问题。与其直接取消项目，不如采取行动找到一些解决方案，如缩减项目规模并调整创新工作。可能导致创新调整的因素包括：

- 可交付物的市场已经萎缩。
- 可交付物的定价过高，需求不足。
- 技术突破无法及时实现。
- 团队失去信心和热情，不再相信这个解决方案可行。
- 高级管理层和客户失去兴趣。

- 不可逾越的技术障碍。
- 成功可能性显著降低。

如果存在这些因素，那么就必须选择另一种备选方案，以挽救项目。只要客户愿意接受最终价值降低的可能性，项目就可以继续开展下去。

创新类型

以下是三种最常见的创新类型。每种类型都有其优点和缺点。

- **产品/质量改进和成本降低工作**：这种类型的创新可利用公司内部现有的资源迅速完成。其目的是解决问题，并为最终结果增加增量价值。
- **技术方面的根本突破**：这种类型的创新存在风险。你可能无法确定突破的时间点及成本。即使可以实现突破，也不能保证客户从解决方案中获得额外的价值。即使无法实现突破，客户可能仍然对部分解决方案感到满意。这种类型的创新可能仅需要一两个人的技能。
- **完全复杂的系统或平台**：这是风险最大的解决方案。如果无法开发出复杂的系统，那么项目可能完全失败。这种创新类型需要大量的高素质资源。

难以学习的问题解决者和决策制定者的特质

有关问题解决和决策制定的培训课程可以提供有价值的见解和技巧。然而，一些出色的问题解决者和决策制定者所具备的特质往往无法通过培训获得。其中三个最常见的特质如下所示。

- **本能**：这是一种与特定行为的固有倾向相联系的内在行为。它是与特定刺激相对应的与生俱来的行为模式，如解决复杂问题的欲望。本能通常与诸如自然倾向、天生或习得的倾向、才能、天赋、能力、天资、直觉、感觉、冲动或第六感等词语一起使用。具有这种本能的人喜欢解决问题。问题越复杂，他们参与的意愿就越强。

- **常识**：基于经验而非专业知识进行的明智而实用的判断。具有常识的人往往根据当前情形和事实做出决策，而不是基于他们的专业知识。但是，他们可能会过于依赖过去的经验。
- **猜测**：通过猜测得出结论的过程。猜测通常与其他词语一起使用，如推测、演绎、假设、推理、估算、近似和估计。当需要进行估算并且几乎没有信息可用时，就需要猜测。根据问题的性质，猜测可能是启动问题解决或决策制定工作的第一步。有时，猜测仅仅是为了了解问题。

创造力障碍

还有一些阻碍创造力的因素，包括：

- 没有充分理解问题就着手解决。
- 做出的评估和决策过于草率。
- 直接采纳团队认可的首个想法。
- 将你视为团队外部人员。
- 团队拒绝支持你的任何想法。
- 团队对你能够成为团队一员的能力缺乏信心。

这些因素不一定只适用于涉及创新的问题解决。此外，有些问题的解决方案并不一定需要创新。

问题讨论

1. 需要创造力才能解决的项目问题的例子有哪些?
2. 项目经理能否事先确定与会者是否具有创造力技能?
3. 只执行重复性或单调任务的与会者是否能提出创新的解决方案?
4. 创造力和创新之间有哪些区别?
5. 什么是负面创新?
6. 谁负责确定创新的解决方案的风险?
7. 除了技术,创造力障碍的例子还有哪些?

第 8 章
问题解决的工具与技术

根本原因分析

大多数教科书没有区分问题解决所需的工具和决策制定所需的工具，因为大多数工具可以同时用于两者。本章讨论的根本原因分析（Root Cause Analysis，RCA）和头脑风暴是解决问题最常用的方法。其他适用于问题解决的工具将在第9章中讨论。

RCA是一类解决问题的方法，旨在识别问题或事件的根本原因。根本原因分析的实践基于这样一种观点，即通过尝试解决、纠正或消除根本原因，而不仅仅是处理显而易见的症状，让问题得到最根本的解决。针对根本原因采取纠正措施，更有可能防止问题的再次发生。然而，人们认识到，通过一次纠正行动并不能完全防止问题再次发生。相反，可能需要多个有效的措施（方法）来解决问题的根本原因。因此，根本原因分析通常是一个迭代的过程，也常被看作持续改进的工具。

根本原因分析是一种通常在事件发生后识别原因、揭示问题并解决问题的反应性方法。分析的动作是在事件发生以后，问题变得显而易见时进行的。在进行根本原因分析时，洞察力可能使其成为一种预测性方法。在这种情况下，根本原因分析可以在事件发生之前预测情况。虽然问题和根本原因分析有着前后关联，但根本原因分析是一个完全独立的过程。

根本原因分析并不是一个单一的能清晰定义的方法，有许多不同的工具、流程和理念可用于根本原因分析。然而，可以通过它们的基本方法或起源领域来辨识出几种不同的方法或学派：基于安全、基于生产、基于过程、基于故障和基于系统。

根本原因分析的通用原则

根本原因分析的通用原则主要包括：

- 根本原因分析的主要目标是识别问题的根本原因，以制定有效的纠正措施，防止该问题再次发生，或者近乎成功地解决问题（"成功"的定义为几乎肯定可以防止问题再次发生）。
- 为了更有效，团队必须系统地进行根本原因分析，调查的结论和根本原因必须有相关的文献或证据支持。根本原因分析通常需要项目团队的共同努力。
- 一个事件或问题可能有多个根本原因，但要证明这些原因存在并去深入了解它们是困难的。
- 确定解决问题的所有解决方案的目的是以最简单、成本最低的方式防止问题再次发生。如果有同样效果的备选方案，那么通常会选择最简单或成本最低的。
- 确定的根本原因取决于问题或事件的定义方式。有效的问题陈述和事件描述（如故障）是有帮助的，甚至可能是必需的。

- 为了更有效果，根本原因分析应按顺序建立一系列事件的时间轴，以了解影响因素、根本原因和定义的问题或事件之间的关系，以防止类似问题重现。
- 根本原因分析可以帮助将反应性文化（被动等待问题发生并做出反应的文化）转变为前瞻性文化，即在问题发生或升级之前解决问题。更重要的是，随着时间的推移，它减少了在使用根本原因分析过程中问题发生的概率。
- 根本原因分析对许多文化和环境构成挑战。对文化的挑战通常会使其遭到抵制。可能需要其他形式的管理支持来实现根本原因分析的效力和成功。例如，可能需要对问题提出者采取"非惩罚性"措施。

使用根本原因分析的纠正措施

根本原因分析是成功采取纠正措施的关键环节，因为它将直接针对问题的根本原因采取纠正措施。尽管预防问题是根本原因分析的次要目标，但是如果不知道根本原因，我们就无法确定针对定义的问题的有效纠正措施是什么。需要考虑的具体步骤如下所示：

- 定义问题或如实地描述事件。
- 收集数据和证据，然后根据事件的时间线进行分类，直到最终的故障或危机。
- 询问"为什么"，并识别与定义问题或事件的每个步骤相关的原因。
- 将原因分为两类，一类为与事件序列相关的因果因素（Causal Factors），另一类为根本原因，即可以中断某个步骤的根本原因。
- 如果存在多个根本原因，这是常见情况，则需要清楚地揭示它们，以便后续进行最佳选择。
- 制定防止问题或事件再次发生的纠正措施。
- 制定有效的解决方案，团队成员达成共识，以防止问题再次发生，在可控范围内达到目标，并且不引入新的、意想不到的其他问题。

- 针对根本原因采取建议的纠正措施。
- 通过跟踪解决方案的实施来确保有效性。
- 其他解决问题和避免问题的方法可能也很有用。

根本原因分析技术

- **障碍分析（Barrier Analysis）**：一种常用于流程工业的技术。它追踪能量流动，重点关注阻碍这些流动的障碍，以确定这些障碍未能阻止能量流动造成危害的原因。
- **贝叶斯推理（Bayesian Inference）**。
- **因果因素树分析（Causal Factor Tree Analysis）**：一种以树状结构显示因果因素的技术，使因果关系得以清晰识别。
- **变更分析（Change Analysis）**：一种通常用于处理问题或调查事故的技术。通过比较不出现问题的情况与出现问题的情况，以确定可能解释问题发生原因的变更或差异。
- **当前现实树（Current Reality Tree，CRT）**：当前现实树是由艾利·M. 高德拉特（Eliahu M. Goldratt）在其制约理论中开发的一种方法，该方法引导分析者使用一个受逻辑规则（合理怀疑类别）约束的因果树来识别和关联所有的根本原因。当前现实树从我们能够看到的不良现象的简要列表开始，然后引导我们找到一个或多个根本原因。当系统很复杂，观察到的不良现象之间没有明显的联系，并且希望深入了解根本原因时，此方法特别有效。
- **失效模式和效应分析（Failure Mode and Effects Analysis）**。
- **故障树分析（Fault Tree Analysis）**。
- **5个"为什么"（5 Whys）**：反复问为什么，直到找到根本原因为止。
- **石川图（Ishikawa Diagram）**：也称鱼骨图或因果图。项目经理用石川图进行根本原因分析，以解决质量和风险问题。

- 帕累托分析（Pareto Analysis）："80/20法则"。

以上是根本原因分析的一部分工具和技术。

头脑风暴

在所有项目的整个生命周期中，团队都需要在施加的制约因素和范围内找到问题的最佳解决方案。在项目规划阶段，项目团队必须提出最佳的规划方法，在后续的任何阶段，当问题出现时也必须找到最佳解决方案。在这些情况下都可以使用头脑风暴技术。大多数人似乎都听说过头脑风暴，但很少有人参加过头脑风暴团队。

尽管头脑风暴已经成为一种流行的团队技术，但在传统的团队环境中应用时，研究人员并未发现创意的数量或质量有所提升的有效证据。尽管传统的头脑风暴不能提高团队的生产力（以生成的创意的数量为衡量标准），但它仍然可能提供一些好处，如提升士气、增加工作乐趣和改善团队合作。因此，人们已经多次尝试改进头脑风暴或使用更有效的头脑风暴的变体。

尽管我们经常将头脑风暴用于确定问题的备选方案，但头脑风暴也可用于识别问题的根本原因。

头脑风暴的基本规则

头脑风暴有四个基本规则。这些规则旨在激发创意的产生，提高团队的整体创造力，同时尽可能减少人们在团队工作中可能存在的压抑感。

- 追求数量：这一规则的目的是产生尽可能多的创意，无论好坏。生成的创意的数量越多，找到问题的最佳解决方案的机会就越大。
- 禁止批评：在头脑风暴中，对创意进行批评会引发冲突，并浪费生成创意的宝贵时间。当人们看到创意受到批评时，他们倾向于保留自己的想法，以避免受到批评。批评应该在头脑风暴会议完成后进行。典型的头脑风暴会议持续大约1小时或更短的时间。

- 欢迎独特的创意：应该鼓励各种创意，无论好坏。必须鼓励人们跳出传统思维框架，这可能产生新的视角和新的思考方式。有时，最初看似激进的解决方案最终可能是最佳的解决方案。
- 整合和改进创意：最佳解决方案可能是多个创意的组合。应该鼓励人们将已经提出的创意进行组合来获得新的创意。

头脑风暴的关键步骤

有几个关键步骤对于成功开展头脑风暴至关重要。仅仅把一群人集中在一个房间里并说"让我们想出一些好创意"，效果并不好。专业的引导和会议结构是最大限度地实现绩效期望的必要条件。进行头脑风暴会议与举行每周或每月的团队会议并不相同。公司可以采取的一些措施包括：

- 首先，最好由经过专业培训的引导者主持头脑风暴会议，以促使人们贡献创意、在混乱中建立秩序并减少干扰。
- 提前发送会议议程，清晰说明会议目的、基本规则和待讨论的主题。
- 如果在会议中使用讲义，最好与议程一起提供，以便人们在会议前审阅它们，然后准备好提出正确的问题并做出可能的决策。
- 明确会议的原因和目标，并确保目标可以在合理的时间范围内实现。
- 打破思维定式固然重要，但最佳解决方案可能是参与者在传统思维框架内思考时产生的。
- 邀请对该主题可能感兴趣的参与者，即使他们不是项目团队成员。
- 请参与者不要携带分散注意力的物品，如手机、记事本或笔记本电脑。
- 不管一个创意听起来多么糟糕，都不要批评。

- 如果需要进行市场调研,请参与者从最终用户那里获取信息,而不是从中间人那里。
- 鼓励每个人做好发言准备并分享他们的创意。
- 记录所有创意,因为一些创意将来可能对解决项目的其他问题很有价值。有几款优秀的软件可专门处理创意管理和头脑风暴活动。
- 一些人好争论,总是为了维护自己的立场而与他人争论。必须注意这些人,防止会议偏离预期目标。

头脑风暴的流程

- 鼓励那些有创意但不善于表达的参与者将创意写下,并在稍后进行展示。
- 创意收集者应对创意进行编号,以便主持人可以使用编号来确定创意的目标数量,例如,我们现在有14个创意,让我们争取提高到20个!
- 创意收集者应当重述创意发起者的创意,以确认准确记录了创意发起者要表述的含义。
- 当许多参与者都提出创意时,与前面某个创意关联性最大的创意应该被优先考虑,以鼓励人们详细阐述前面那个创意。
- 不建议职能经理和其他上级参加头脑风暴会议,因为这可能会抑制并影响四个基本规则的效果,尤其会减少不寻常创意的生成。

头脑风暴的创意评估

头脑风暴产生的创意不仅仅供他人评估和选择。在最后阶段,通常是由团队成员对创意进行评估,并从中选择一个作为问题的解决方案。

- 解决方案不应该依赖团队成员没有或无法获取的资源或技能。
- 如果需要获取额外的资源或技能,那么这需要成为解决方案的第一部分。

- 必须有一种方法来衡量解决方案的进展和成功与否。
- 实施解决方案的步骤必须人人都清楚，并且团队成员都要参与，以便每个人都能发挥重要作用。
- 必须有一个共同的决策制定过程，以便协调行动并在项目展开时重新分配任务。
- 应在里程碑处进行评估，以确定团队是否朝着最终解决方案的方向前进。
- 应有激励措施，以便参与者保持热情。

头脑风暴会议：名义小组技术

进行头脑风暴会议有几种不同的方法。一种常见的方法是名义小组技术。

- 名义小组技术鼓励所有参与者平等发言。通过使用名义小组技术，最终会生成创意的排名列表。
- 名义小组技术要求参与者匿名写下他们的创意。然后引导者收集这些创意，并对每个创意进行小组投票。可以简单地通过举手投票表示对某个创意的支持。这个过程被称为提炼。
- 在提炼之后，排名最靠前的创意可能被送回给小组或子小组进行进一步的头脑风暴。例如，一个小组可以研究产品的颜色，另一个小组可以研究产品的大小，依此类推。每个子小组都会带着他们的创意回到大组中，对列出的创意进行排名。有时在小组重新评估创意后，会重新提出之前放弃的创意。
- 在使用这种引导技术之前，对引导者的培训非常重要。引导者应激发和鼓励小组接受这一过程。像所有团队工作一样，可能需要为小组安排几次实践培训，然后再着手处理重要的创意。

第 8 章 问题解决的工具与技术

头脑风暴会议：小组传递技术

- 小组成员围成圆圈，每个人在卡片上写下一个创意，然后将卡片传递给顺时针方向的下一个人，后者添加一些内容。这一过程一直持续到每个人再次拿回自己曾写下创意的卡片。在这种情况下，该小组可能已经对每个创意进行了广泛的拓展。
- 该小组还可以创建一个"创意手册"并在手册前面张贴一个分发清单。第一页是问题的描述。第一个收到手册的人列出他的创意，然后将手册传递给分发清单上的下一个人。第二个人可以添加新的创意或为前一个创意添加内容。这一过程一直持续到分发清单上的所有人都添加了新的创意或内容。随后会举行一个"宣读"会议，讨论在手册中记录的创意。这种技术耗时较长，但它允许个体有更多时间深入思考问题。

头脑风暴会议：团队创意映射法

- 这种头脑风暴方法是通过联想的方式进行的。它可以改善协作，增加创意数量，确保所有参与者都参与其中，不拒绝任何创意。
- 这个过程开始于一个明确定义的主题。每个参与者独自进行头脑风暴，然后将所有的创意合并到一个大的思维导图中。在这个合并阶段，当参与者在分享创意背后的含义时，他们可能发现对问题有共同的理解。在分享过程中，参与者可能会通过联想形成新的创意，这些新的创意也需要被添加到思维导图中。一旦获取了所有的创意，团队就可以对它们进行优先级排序和/或采取行动。

在线头脑风暴

- 在线头脑风暴是头脑风暴技术的互联网应用版本。它通常由电子会议系统提供支持,也可以通过电子邮件这种更简单的形式进行,还可以使用浏览器或点对点软件。
- 在电子会议系统中,参与者通过互联网分享创意清单。创意是单独输入的,并立即对所有人可见。这种形式通常是匿名的,以鼓励开放性并减少个人偏见。现代电子会议系统不仅支持在较长时间内进行异步头脑风暴会议,还支持在创造性问题解决过程中的典型后续活动,如对创意进行分类、删除重复项、评估和讨论优先级或有争议的创意。
- 在线头脑风暴消除了标准头脑风暴的许多问题,如生成阻塞(在面对面头脑风暴中轮到自己时容易忘记创意,而在线头脑风暴可以同时提出而不需要轮流提出。——译者注)和评估恐惧(个人对在场的其他人如何评价自己的普遍担忧。——译者注)。该方法的另一个优点是,所有创意都可以以其原始形式在电子档案中进行存档,以便日后进行进一步的思考和讨论。在更大规模的群体实施时,在线头脑风暴比传统头脑风暴的方法更为高效。
- 一些基于网络的头脑风暴技术允许参与者匿名发表评论。这种技术还允许用户在一到两周内长时间登录,以便在发布创意和反馈之前给参与者一些"深思熟虑的时间"。这种技术在新产品开发领域特别有用,但也可以应用于任何需要收集和评估创意的领域。

定向头脑风暴

- 定向头脑风暴是在线头脑风暴的一种变体,类似于"脑力写作"的技术。

它可以手动完成，也可以使用计算机自动完成。当解决方案的范围（评估创意的一组标准）在会议之前就已确定时，定向头脑风暴就能发挥作用。这些评估标准可以用来有意识地限制构思过程。

- 在定向头脑风暴中，每个参与者都会得到一张纸（或电子表格），并被告知要进行头脑风暴的问题。他们需要对问题做出回应，然后停下，在参与者之间随机交换这些纸或表格。参与者接下来查看他们收到的创意，并根据最初的标准提出一个改进这个创意的新创意。然后再次交换纸或表格，再次改进这些创意，该过程重复进行三轮或更多轮。
- 在实验中发现，定向头脑风暴的效率几乎是在线头脑风暴的三倍。

个人头脑风暴

个人头脑风暴是一个人独自进行头脑风暴的方式。它通常包括自由写作、自由表达、词语联想和思维导图绘制等技术。思维导图是一种记录思维的可视化技术，人们可以在图中表达自己的创意。个人头脑风暴是创意写作中的一种有用方法，并且在许多情况下已被证明优于传统的团队头脑风暴。

问题头脑风暴

问题头脑风暴过程涉及对问题进行头脑风暴，而不是直接给出答案和短期解决方案。这种技术能激发创造力，促进每个人的参与，因为没有要求人们必须给出答案。问题的答案为构建未来行动计划提供了框架。一旦问题列表确定，可能需要对问题进行优先级排序，以便找到最佳解决方案。如何最好地评估一个问题，也是头脑风暴的一个问题。

头脑风暴失败的原因

尽管初衷是好的，但大多数头脑风暴会议最终并未产生预期的结果。这是一个事实，无论使用的是瀑布型方法、敏捷方法还是Scrum方法。这并不是因为头脑风暴的过程不起作用，而是因为会议组织得不好。了解头脑风暴失败的原因通常可以作为实施纠正措施的动力。在现场会议中，导致失败的一些关键的原因包括：

- 未对引导者和与会者进行培训：大多数项目管理培训课程都会讨论头脑风暴，但是从未充分培训人们如何正确组织会议。在没有接受适当培训的情况下，项目经理主持头脑风暴会议可能会起到负面作用。如果有接受过头脑风暴实践培训的专业人员，则应该由专业人员主持会议，项目经理可能只是一个参与者，必要时记笔记并回答问题。在理想情况下，每个人都应接受头脑风暴技术的培训，以便在参加此类会议时对会议目标有一个清晰的了解。

- 人们花太多时间在解决方案上：人们往往在未充分了解问题、目标或提出的问题的情况下迅速专注于解决方案。让人们带着创意和解决方案来参加会议看起来是个好主意，但在产生想法之前，焦点必须放在正确的疑问或问题上。必须有足够的时间让人们了解为什么要召开这次会议。即使这在邀请邮件中已经解释了，也应在会议开始时加以强调，以便与当前的问题保持一致。解决错误的问题会浪费宝贵的时间和金钱。

- 未经培训的引导者一开始就立即要求与会者提供创意：会议一开始应该先了解基本规则（如无干扰或中断）、构建正确的思维方式、解释期望的参与者的行为（遵循指示）、会议将如何进行以及澄清会议目的。即使人们以前可能参加过头脑风暴的培训，花几分钟解释会议的基本规则仍然是有帮助的。

- 未考虑参与者的恐惧和顾虑：有些人（包括经验丰富的人员）天生害怕头脑风暴会议，害怕受到批评，害怕卷入冲突，害怕改变，因为一些创意的实施可能会让他们被迫走出舒适区。

- 会议时间过长：一些公司的头脑风暴会议可能只持续15分钟。超过1小时的会议会让人感到焦虑，盼望尽早结束。在阿姆斯特丹大学进行的一项研究显示，当人们独自工作时，他们往往能提出更多的创意。最好让人们先独自工作或在小团队中工作，以提出他们的最佳创意，然后在大团队中共享信息以进行评估。

- 大团队可能抑制创造力：有一个合理的论点，即5～10人的小团队产生的创意比大团队更好。亚马逊公司首席执行官杰夫·贝佐斯（Jeff Bezos）将其称为"两个比萨饼原则"：如果团队成员可以吃掉两个以上的比萨饼，那人数太多了。一些会议的主要参与者可能是主题专家，但不包括稍后可能被委派实施解决方案的员工。拥有大团队并不意味着会有更多的创意出现。一些人可能会因为团队规模而感到受到威胁，不愿提出有意义的创意。在大团队中，人们担心其他人会如何看待他们的创意，可能因害怕受到批评而不敢提出创意。当在小团队中时，人们往往会贡献更多的创意。如果团队庞大，最好在会议开始时将参与者分成小组，然后在会议结束时在团队中进行创意评估。强有力的领导是必要的，以避免那些声音较大和人数较多的团队主导会议，从而使声音较小的团队或个人的见解不被忽视。

- 不借鉴他人的创意：有时将创意结合起来可能会产生最佳的解决方案。为了达到这个目的，人们必须有充足的时间表达自己的想法并消化听到的内容。这就是为什么一开始团队较小往往更好。组织较大的团队的目的可能是让人们相互借鉴来自较小团队的多个想法，以找到最佳解决方案。

- 参与者经验和知识的不平衡：邀请参与者应基于他们能够做出的贡献，而不仅仅基于他们的职位、头衔或日程安排。邀请对主题感兴趣的人，即使他们不是项目团队的一员，也可能会发现好的创意。
- **缺乏多样化的团队**：拥有多样化的头脑风暴团队是有利的。多样化的团队会提供更多的信息，从而提出不同且更好的解决方案。多样化的团队通常更擅长挑战假设，以不同的方式看待问题和解决方案，并划分工作要求。在多样化的团队中，每个成员都可能为解决方案提出好的创意，当把所有创意结合在一起时，可能会得出一个好的解决方案。
- **允许某个人主导讨论**：有些人喜欢自说自话，并试图主导讨论。这可能使其他人产生挫败感，会降低其他人的发言欲望。
- **信息过载**：头脑风暴会议存在信息过载的风险。如果需要进行多次头脑风暴会议，这一点尤为明显。信息过载可能令人泄气，但使用创意管理软件可以控制这种情况。
- **过早评估**：一些团队倾向于迅速采纳第一个可接受的创意，并在没有适当评估的情况下立即实施。强迫参与者在充分考虑事实之前投票可能得到次优的解决方案，这样的方案往往难以获得团队的普遍认可。

虚拟头脑风暴会议

对于先前的讨论，我们假设了参加头脑风暴会议的人们在同一地点。如今员工通常将至少25%的时间用于虚拟交流。这个比例正在增加，很多公司现在正在进行虚拟头脑风暴会议，原因有多种，如疫情原因、办公空间租金成本上升以及参与会议的员工分散在多个大陆。

虚拟头脑风暴相对于现场头脑风暴来说可能更加困难，因为虚拟环境可能需要一套不同的工具和软件，用于沟通、查看、记录和展示创意，以及参与者之间的交互。如果团队必须被分成较小的小团队，那么可能需要举行多个同时进行的虚拟会议。正确地使用虚拟头脑风暴工具可以减少在现场头脑风暴中遇到的生产力损失，使每个人都能提出更多创意，并在团队成员之间产生更高的满意度。

第8章 问题解决的工具与技术

就如现场头脑风暴会议一样,虚拟头脑风暴会议既有优点也有缺点。

优点包括:

- 员工不会被其他与会者影响,承受的同行压力较小。
- 更容易组建一个多样化的团队。
- 人们独自工作或小团队协作,可能会提出更有成效的创意。
- 大团队允许人们虚拟参与,不太可能有人主导讨论。
- 大团队可以在不担心头衔、级别和专业知识的情况下被细分为小团队。
- 虚拟会议浪费的时间较少,比现场会议更为高效。

缺点包括:

- 引导者必须确保适当的虚拟会议工具已就位。
- 在会议开始时需要花费更多时间确保所有参与者都理解问题。
- 在虚拟环境中分享文件可能会有困难,引导者必须确保所有参与者都有适当的文件。
- 虚拟沟通方式可能难以让员工借鉴他人的创意或将各种创意结合起来。
- 在虚拟环境中可能难以将大团队分成小团队。
- 与在会议室中的团队成员相比,虚拟参与者可能不太愿意提问。
- 专业引导者接受过情商和肢体语言解读的培训。引导者可以通过观察人们的表情、手部动作或者坐姿来判断他们是否对讨论感到不满或赞同。通过人们的行为识别他们的恐惧和担忧,这在虚拟环境中较为困难。
- 难以实施让每个人都有发言机会的开放式对话。
- 团队过大可能阻碍成员提出意见。
- 人们可能在分心处理其他事务,引导者对会议的掌控力受限。

问题讨论

1. 进行根本原因分析的优缺点是什么？
2. 为什么许多头脑风暴会议未能取得最佳结果？
3. 开展头脑风暴会议的典型规则有哪些？
4. 是否应该提前向头脑风暴会议参与者提供议程和资料？
5. 头脑风暴会议应有多少与会者？谁来做决定？
6. 是否应为头脑风暴会议设定时间限制？典型的时间限制为多久？
7. 为什么有这么多类型的头脑风暴会议？

第 9 章
与决策制定相关的概念

决策制定的备选方案

如今,项目团队面临着越来越复杂的难以解决的问题。多年前,项目经理使用判断、协商或分析方法来解决问题。判断是由决策者做出的,他们相信自己的直觉,认为没有必要向团队或治理人员证明其推理。当项目经理对最佳方法不确定时,会使用协商的方法,利用团队共识来做出决策。团队共识还包括来自有权势的干系人的输入和影响。如果时间允许且组织有决策制定软件可用,项目经理将使用分析方法。在高度复杂且存在很大风险和不确定性的项目中,项目经理通常会避免使用分析方法。

多年来,发起人和治理委员会赋予项目团队很大的权力,使其能够在没有高级管理层参与的情况下做出自己的决策。随着决策所需的文件和信息的增加,高级管理层不愿花费大量时间阅读文件并评估大多数项目决策的信息,因为这会占用他们从事其他工作的时间。

如今，项目团队有多种方法可用于问题解决和决策制定。一些新技术来自管理科学和运营研究模型。一些技术可能是更正式的模型、方法和程序，这些都属于项目管理方法和框架的一部分。

决策制定的特征

我们现在必须决定哪个备选方案能够最好地解决问题。决策制定往往具有一定的结构。决策制定的特征包括：

- 必须先确定目标。
- 必须将目标分类并按重要性排序。
- 必须制定备选行动方案。
- 必须根据所有目标评估备选方案。
- 能够实现所有目标的备选方案被称为暂定决策。
- 对暂定决策进行评估，以发现更多可能的后果。
- 采取决策行动，并采取额外措施防止任何不良后果演变成问题，重新启动两个系统（问题分析和决策制定）。

决策制定活动通常比问题解决活动更耗时、更昂贵。这主要是由于可以识别的备选方案的数量以及用于评估和排序它们的方法。拥有大量合理的备选方案看起来很好，但无法决定实际采用哪个可能会很麻烦。

人们可以使用几种类型的决策风格。此外，还有许多工具可以协助决策过程。

决策制定的参与

项目经理在选择决策方案时，必须考虑是否有其他人参与决策。项目经理倾向于独自做出决策的原因有几个。例如，可能需要迅速做出响应，问题定义明确且解决方案的选择有限，熟悉这类问题的人员有限，团队期望项目经理独自做出决策，团队参与决策（导致团队成员之间发生冲突）可能延长项目时间。

同样，项目经理希望其他人参与决策的原因也有几个。例如，项目经理对所有备选方案和团队成员参与决策的意愿可能不了解，以及期望将团队成员的参与作为成功执行解决方案的激励因素。

理解决策是如何做出的

在参加问题解决和决策制定会议之前，人们必须了解决策将如何制定。与问题解决有所不同，决策制定达成一致的方式有以下几种。

- 多数或一致同意：会议中所有参与者将投票。最终的标准可能是简单多数或一致同意。
- 合格多数或共识：如果未达到多数，那么项目经理、客户或其他指定的个人将做出最终决策。
- 项目经理决策：项目经理做出决策并告知团队选择了哪个备选方案。这种方式在危机项目中最为有效。
- 高管决策：高级管理层或项目发起人根据他们认为的项目成功标准做出决策。如果项目过程中成功的定义发生变化，这可能会引发一系列问题。
- 客户决策：团队确定备选方案，提出建议，并向客户呈现数据。然后客户做出最终决策并告知团队。客户可能有权不从团队的备选方案中选择，而是开发他们自己的解决方案。

文化和问题解决

所有企业都会遇到需要解决的项目问题，但一些企业解决问题的过程比其他企业更容易，这主要归因于它们的企业文化。文化是定义一群人及其行为的共同价值观、信仰和表现形式。企业文化是一种无形的资产，它可以使企业取得成功，也可以使企业遭遇失败。在项目管理方面取得巨大成功的企业往往拥有支持问题解决和决策制定的合作文化。

那些面临困境的企业似乎在项目管理文化上并未必与其企业文化保持一致。在这些企业中，企业文化通常过于强调高级管理层的命令和控制，项目团队成员在表达解决问题的想法时受到一定限制，因为他们担心会受到来自管理层的批评，甚至可能因为提出一个不好的想法而受到责备。

合作文化以自由思考为基础，并在必要时鼓励人们跳出思维定式和专业领域进行思考。良好的合作文化在秩序和混乱之间取得平衡。一些合作文化的特征包括：

- 高管鼓励项目团队表达意见，项目团队无须担心报复或惩罚。
- 高管与项目团队分享战略信息，以帮助团队将解决方案与战略项目目标对齐。
- 高管在需要时参与项目问题解决和决策制定会议，而不是主导讨论。
- 高管鼓励项目团队使用对团队最舒适的决策风格。

例行决策

有些决策比较容易做出，而其他决策则需要专业团队。团队所使用的工具和技术取决于决策的类型，而决策的类型也有很多。

例行决策通常由项目经理独自做出。例行决策可能包括简单地签署采购订单，选择与哪些供应商合作，以及决定是否授权加班。通常，例行决策基于企业的政策和流程。

尽管例行决策似乎相对容易做出，但例行决策的数量过多可能会带来麻烦。过多的例行决策可能造成时间的浪费，阻碍项目经理有效地管理项目。对于例行决策，项目经理可以考虑将其委托给项目团队成员处理。

第 9 章 与决策制定相关的概念

自适应决策

自适应决策的制定可能需要一定程度的直觉。如果问题被充分理解，项目团队可以在没有外部支持或不使用复杂工具和技术的情况下做出决策。自适应决策是项目中最常见的决策形式，例如：

- 确定测试矩阵中应该包含的测试数量。
- 确定活动应该何时开始或结束。
- 在不影响下一项工作的情况下，确定活动的最晚开始时间。
- 确定订购原材料的最晚时间。
- 确定是否应安排加班来完成该工作。
- 确定是否需要制订风险管理计划，以及如果需要，计划中应该包含多少详细信息。
- 确定应以何种频率验证质量要求。
- 确定资源所需的技能组合。
- 确定向干系人呈现好消息和坏消息的最佳方式。
- 确定纠正不利的成本和进度偏差的方法。
- 确定用于激励某些团队成员的领导风格。
- 确定如何最好地奖励团队成员的卓越表现。

创新决策

创新通常指一种新的做事方式。这种新的做事方式应该与之前的做事方式有显著的不同，而不是像持续改进活动那样进行小的渐进式的变化。创新的最终目标是为公司、用户和可交付物本身创造持久的附加价值。创新是将想法落地并获得财务收益的过程。

创新决策的制定最常用于涉及研发、新产品开发和重大产品改进的项目。这些决策需要引入项目团队外的部分主题专家，并且可能需要使用更高级的决策工具和技术。这些决策可能使我们彻底偏离项目的最初目标。并非所有的项目经理都能够独自管理创新项目。

尽管创新的目标是成功增加价值，但如果创新导致团队士气低落、文化变革不力或者与现有工作方式发生彻底背离，其效果可能是负面的甚至是破坏性的。创新项目的失败可能导致组织士气低落，使有才华的人在未来更倾向于规避风险而非承担风险。

压力决策

进度是项目的一个关键制约因素，该制约因素对理解问题和找到解决方案有重要影响。举例来说，假设一个关键的测试失败，客户表示他们将在失败后的第二天与你会面，讨论如何解决问题。他们期望看到备选方案和建议。

通常情况下，你可能需要一周甚至更长的时间与团队会面并诊断情况。然而，考虑到具体情况，你必须在有限的时间内做出决策，无论对错。这就是压力决策。在有足够时间的情况下，我们都可以分析甚至过度分析问题，并列出一系列可行的备选方案。

压力决策也可以是自适应决策和创新决策的一部分。在被迫做出决策的情况下，如果迫使决策者只关注问题的关键属性，这可能会产生有利的结果。但情况往往是，决策导致次优的结果。

鉴于这些情况会发生，你必须认识到，要做出决策并不一定拥有完整或完美的信息。大多数决策团队必须根据部分信息做出决策。

第9章 与决策制定相关的概念

判断性决策

基于过去经验或知识的决策属于判断性决策。决策者记得在类似的情况中发生过什么，并使用这个知识库来预测待决策的备选方案的结果。这是一种有效的决策方法，因为在组织中，许多情况、问题和机会确实经常发生。判断性决策更快速、更经济，然而它也有一个缺点。它基于常识和记忆，而有些人可能缺乏常识或没有良好的记忆。另外，判断性决策无法处理那些没有经验可循的新情况。

理性决策

理性决策是指通过推理来进行决策的过程。要想达到理性决策的标准，需要先满足一些条件。首先，必须存在一些长期目标和短期目标，这样才能确保资源得到有效的分配和利用。其次，为了实现这些目标，决策者需要对将采取的行动有清晰的理解。再次，为了实现这些目标，决策者需要拥有足够的信息去制定备选方案。最后，决策者选择出来的最佳备选方案能够满足组织整体收益的最大化。

在决策过程中往往很难做到完全理性。首先，当前做出的决策影响的是未来，而未来几乎总是充满了风险和不确定性。其次，实现组织的目标有许多方式，因此不可能找到所有的备选方案。最后，即使使用最先进的分析技术，也不能分析所有的备选方案，因为决策总是面临时间限制，无法处理太多的备选方案。

确定性/不确定性决策

某些决策制定可以在确定性条件下进行，当然这种条件非常罕见。在确定性条件下进行决策制定是指管理者确切地知道在这种环境或竞争下会发生什么。也就是说，管理者可以在例行决策基础上做出完全准确的决策。在确定性条件下进行决策需要近乎完美的信息支持。遗憾的是，一些决策中的变量永远无法完全准确预测，例如，人们对决策的反应，因此很难获得完美的信息。

可控/不可控的决策

管理者在部分可控和部分不可控的决策变量环境中进行操作。在可控的环境中，决策者可以选择一种策略并控制该策略的执行。

在决策背景下，可控的主要变量是实际选择的策略。然而，该策略的实施将受到环境中不可控变量的影响。

在制定策略时，有两个变量会影响备选方案的选择，即自然状态和竞争行动。我们使用术语"自然状态"来指代可能真实发生的事件。对于业务经理而言，"竞争行动"是不可控制的。

站在管理者的立场上看，自然状态是不可控的。例如，预测的准确性在很大程度上取决于整体经济状况。在当今复杂的环境中，有许多可能发生的"自然状态"。人们几乎不可能列举所有可能的状态，并确定每个状态可能对结果产生的影响。

程序化/非程序化决策

决策可以分为程序化决策和非程序化决策。程序化决策是指指导管理者和专业人士在日常组织生活中进行的固定决策，这些决策存在于组织的使命、长期目标、短期目标、战略、政策、标准、程序、方法和角色中。程序化决策的指导原则包括：

- 公司政策和指南，这是高级管理层为其他管理者和专业人士制定的指南，用于处理可预见的重复出现的情况。公司政策的案例包括产品质量政策、管理发展政策和库存水平政策。在程序化决策中，人们在将政策作为指导方针时具有一定的自主权。

第9章 与决策制定相关的概念

- 标准,这是可以比较的标准。工程设计标准、制造产出标准和产品质量标准都是指导决策和实施的标准的例子,这些标准基本不变。
- 程序,这是完成某些任务时的行动步骤。任务的"程序化"可以降低复杂性并确保其完成的一致性。在使用程序时,人们几乎没有太多的自主权。例如,在施工项目上处理工程变更的程序需要按照一定的顺序进行,以评估变更对成本、进度、技术和合同的影响。

政策、标准和程序提供了一个决策制定的框架。这样的框架减少了发生错误的可能性。它还减少了做出决策的时间。谨慎的管理者可能会在政策的框架内授予权力和责任,以做出决策并分配资源。

管理者制定适当的政策、程序和标准,可以更充分地委派决策权,并减少管理者监督的时间。然后,管理者可以通过执行对政策、程序和标准的"例外管理"来节省个人的时间。

如果组织拥有明确定义的战略框架,包括使命、长期目标、短期目标和战略,那么关于资源分配的关键决策也可以在这个框架内进行。这个战略框架成为指导企业中关键决策者的基准。从这个意义上讲,战略框架为在组织使命、长期目标、短期目标和战略的框架内做出"程序化"决策提供了基础。

程序化决策是根据一些预先确定的指导方针做出的决策,如政策、程序、规则或方法。如果问题、机会或情况反复出现,并且可以定义、分析和预测关键要素,那么我们可以制定支持性的政策、程序、规则或方法,以便将决策"程序化"。例如,支持特定产品的库存水平的决策将涉及事实调查和预测。如果库存水平分析得当,那么可以制定一系列例行决策指南。然而,程序化决策确实限制了决策者的自由。

在组织内,随着指挥链层级的上升,高级管理层处理非程序化决策的能力变得更加重要,因为最高层级中的很多决策属于非程序化决策。

非程序化决策是独特且不重复的。尽管决策可能是在战略框架内做出的,但决策者面临着新的备选方案和选择。问题或机会是全新的，本质上是非结构化的，并且通常涉及未知的因素和力量。企业战略框架的选择，以及使命、长期目标、短期目标和战略的确定都是非程序化决策的例子。然而，战略框架一旦建立，就为某些程序化决策的制定提供了基础。

在非程序化决策中，管理者有许多不同的选项可供选择。决策者的创造力和创新能力是有价值的。非程序化决策存在于管理的每个职能中：规划、组织、激励、领导和控制。战略规划职能给非程序化决策提供了最大的机会，因为决策者试图创造目前尚不存在的东西。直觉在非程序化决策中发挥着重要作用。

每位管理者都应该制定一套决策指南，为评估和做出不同类型的决策提供通用标准，包括使用多少时间和如何分析。

决策制定会议

一些例行决策或自适应决策可以在常规团队会议中处理，但通常情况下，问题解决会议应该是单独召开的团队会议。问题解决会议的与会者可能与常规团队会议的与会者有很大的不同。在问题解决会议中，会邀请干系人和客户参加，因为他们很可能属于受决策影响最大的人群。也可能邀请职能经理、主题专家和具有关键专业知识的外部顾问参加。

在这些会议中，项目团队可以使用各种各样的决策制定工具和技术进行决策。可以基于问题的复杂性、与决策相关的风险、做出决策的成本、错误决策的影响、决策的影响人员、做出决策的时间、对项目目标的影响、项目团队中的人数、对客户或干系人的相对重要性以及支持数据的可用性等因素来选择最佳的工具或技术。

问题解决通常可能需要不止一次会议。第一次团队会议可能仅仅是了解问题并收集数据。解决问题的团队可能需要额外的时间来思考问题并找出备选方案。在第一次团队会议上几乎不太可能做出决策。

第9章 与决策制定相关的概念

决策制定的阶段

有几种决策模型可用于项目团队做出决策。一个典型的四阶段模型包括：
- 熟悉阶段。团队成员在这个阶段会面，了解问题以及需要做出的决策。
- 备选方案识别阶段。团队在这个阶段进行头脑风暴，列举可能的备选方案。
- 备选方案选择阶段。团队在这个阶段确定最佳方案。选择首选方案的团队可能与制定备选方案的团队有所不同。
- 论证阶段。在这个阶段，团队对他们做出的正确决策进行合理化论证，并评估可能的结果。

决策制定的步骤

当项目团队面临艰难的决策时，有几个步骤可以确保团队找到最佳解决方案。决策过程的开始和结束都需要通过对信息的判断来消除未来行动的不确定性。决策不涉及过去，只涉及现在和未来。决策者需要具备创造力，并且在使用信息做出决策时需要有丰富的经验。

决策者有几种模型可以使用。其中许多步骤与问题解决过程中使用的步骤相似。这些模型共有的步骤包括：
- 确定需要决策的问题或机会的基本框架。
- 发送会议议程，明确决策制定会议的目的和期望的结果，包括预期的决策时间。
- 要求团队在会议上提供可能的备选方案。
- 对问题进行根本原因分析，确保每个人都理解为什么需要做出决策，以及如果不做出决策会有什么影响。
- 收集与决策相关的所有必要事实和假设条件。

- 分析影响问题或机会的事实和假设条件。
- 制定在面对决策时可行的备选方案。
- 根据对现有组织目标（使命、短期目标、长期目标和战略）的优势（收益）和劣势（成本）的评估，分析备选方案。
- 选择与组织目标最符合的备选方案。
- 制订实施决策的行动计划。

以上步骤构成了由管理者和专业人员执行的决策流程。这些步骤在组织中有不同的正式程度，管理者和专业人员依照这些步骤做出决策。决策者在评估决策所涉及的风险和不确定性时，应具有良好的知识、经验、技能和态度。决策情境中几乎很少有确定性的条件。决策者很少对所有备选方案及其后果有充分的了解。寻找备选方案的过程会持续进行，直到决策者找到一个最符合其确定的最低可接受水平的备选方案。在实践中，试图找到"最佳"备选方案的观念是有争议的。

决策者只有在对手头的最佳备选方案感到不满意时才会寻找其他备选方案。他们通常没有真正地将备选方案按照价值进行排名。决策者通常在决策过程的早期就会确定一个备受其青睐的方案，并一直延续到最终的正式决策。决策者的这种早期选择主要基于他的主观判断或直觉。毫无疑问，许多管理者在做决策时都明示或暗示地希望过得去就行，即做出只满足当前情况的决策。

很多决策涉及的变量非常复杂，以至于人们很难充分考虑所有这些变量。在现实生活中，管理者做出的决策是合乎逻辑的，但这些决策常受到信息不足和决策者利用信息的能力的限制。与寻求最佳或理想的决策不同，管理者通常会给出一个能够满足他们当前目标的决策。换句话说，他们会"满足于"或接受第一个令人满意的决策，而不是不断追求，直到找到最优决策。

个人可以为自己制定一系列决策步骤。首先，他们需要基于自己的思维和工作方式构建一个理性的决策制定过程。其次，一旦构建了理性的决策制定过程，他们就应该按照决策制定的过程以谨慎的方式收集和分析信息并确定备选方案。最后，他们应该让其他人参与进来，帮助他们分析决策所需的信息，并评估决策实施的有效性。

决策制定过程中的冲突

我们必须做出的许多决策会涉及价值观的冲突。担任管理职位的决策者总是在决策中进行权衡。以下是两个基本的权衡：一是要保持组织的整体效能；二是要解决组织中存在的固有冲突，因为人们倾向于从狭隘的角度看待组织和影响组织的决策。管理者必须考虑这些狭隘的观点，并做出最有利于保持组织整体效能的决策。

考虑到冲突的可能性和权衡的需要，许多管理者会延迟做出决策，并允许这些考虑因素阻碍他们的决策过程。这些人更倾向于任由事情随意发展而不做决策。然而故意不做出决策，这本身就是一种决策。这意味着资源将继续以过去的方式被消耗。因此，实际上不做决策也是一种决策。

群体决策的优点

正如前文所述，像例行决策这种类型的决策只由项目经理做出，不需要团队参与。但很多时候，在项目中出现的问题需要团队的群体决策。

群体决策有几个优点，包括：

- 群体比个人能做出更好的决策。
- 群体讨论有助于更好地理解问题。
- 群体讨论有助于更好地理解解决方案。
- 群体在选择备选方案时能做出更好的判断。
- 相较于个人，群体在问题解决中更愿意承担风险。

- 与个人决策相比，客户似乎更不太会质疑群体决策。
- 如果参与了决策制定过程，人们更愿意接受最终的决策。

群体决策的缺点

群体决策也有一些缺点，包括：

- 讨论可能会被人的个性所主导，无论这个人是不是主题专家。
- 群体可能会接受更大的风险，因为失败的风险会被平均分摊到所有成员身上。
- 在面临接受群体决策的压力下，团队成员可能不会提出更好的方案。
- 达成共识的时间太长。
- 群体会过多地思考问题和解决方案。
- 很难让合适的人从其他职责中腾出时间参加会议。
- 找到一个适合所有参与者的共同会议时间可能很困难。
- 如果涉及外部人员，出差的成本可能会很高，尤其是当需要多次参与决策会议时。

理性思维与直觉思维

决策制定需要思考。我们将讨论四种思维形式。理性思维，通常称为分析思维，指的是人们使用逻辑或推理进行问题解决和决策制定的思维。具有理性思维的人会在思维或观念的背后寻找原因或基本原理。理性思维的过程基于计算和规划，而不是基于情感或个人观点。这种客观的思考过程对任何问题都采用分析方法。理性思维基于原因或事实，因此更具有可计算性和现实性。所有人都有理性思维的能力，但由于情感、偏见，以及对决策的恐惧，人们往往会混淆这种能力。

具有理性思维的人认为，将问题分解为明确定义的顺序步骤，解决起来会更容易。他们尽可能多地使用表格、指南、模板和清单。具有理性思维的人在以下

第9章 与决策制定相关的概念

条件下效率最高——充足的时间、相对固定的条件，以及观察者与被观察者之间有清晰的区分。在分析标准已经确立的情况下，具有理性思维的人处理复杂问题的效果最佳（如法律规则）。

直觉思维具有截然不同的特质：它是不集中的、非线性的、没有时间概念的、能够同时看到许多事物、看到整体图景、包含各种视角、以心为中心、以空间和时间为导向、倾向于现实或具体的事物。在理性思维无法满足的情况下，直觉思维变得至关重要。如以下场景：在时间压力下，当条件动态变化及观察者和被观察者之间的区分不清晰时，直觉思维在项目工作中是必不可少的。在寻求"最佳"而非"可行"的备选方案时，以及在项目团队准备根据感觉或直觉采取行动时，通过直觉思维采取行动的效果最好。基于专业知识，人们依直觉将经验转化为快速行动。

发散思维与收敛思维

发散思维是一种思维过程或方法，通过扩展问题、全面审视问题，从而产生创造性想法。它通常与收敛思维一起使用，收敛思维关注的范围狭窄，专注于细节，按照一套特定的逻辑步骤，得出一个解决方案，有时这是一个"正确"的解决方案。发散思维通常以自发、自由流动的方式进行，从而产生许多创意。发散思维会在短时间内探索许多可能的解决方案，并形成意想不到的联系。完成发散思维过程后，使用收敛思维对想法和信息进行组织和结构化。发散思维朝不同方向发展，涉及多个方面，有时会产生新颖的创意和解决方案。它通常与创造力联系在一起。创意生成技术，如头脑风暴和打破思维定式，就是采用这种思维方式，通过追踪一个创意的多个方向来产生一个或多个新创意，进而产生更多的创意。

发散思维是一种创造性、开放性的思考方式，旨在产生新的观点和有独创性的解决方案。与发散思维相对，收敛思维的目标是整合解决特定问题的信息（尤其是解决那些只有一个正确解决方案的问题）。

对决策制定的恐惧：心理障碍

并非每个人都有意愿或有能力做出决策。有些人可能更愿意让其他人做出所有的决策，尤其是关键性的决策。产生这种行为的原因可能包括：

- 过去曾做出过错误的决策。
- 对做出错误决策的恐惧。
- 厌恶风险。
- 缺乏信心。
- 焦虑。
- 无法应对决策制定的政治因素。
- 对问题相关的事实不熟悉且不愿学习。
- 对团队成员不熟悉。
- 具有较差的应对技能。
- 缺乏动力。
- 缺乏全局视角。
- 在讨论后期才加入。
- 无法在高压下工作。
- 害怕与涉及问题的工会合作。
- 害怕某些干系人。
- 害怕贡献意见，以免被嘲笑。
- 害怕暴露自己的不足。
- 害怕损害自己的职业生涯和/或声誉。

这些原因（障碍）通常被归类为五个领域：

- 情感障碍。
- 文化障碍。

- 感知障碍。
- 智力障碍。
- 表达障碍。

决策制定过程中的个人偏见

决策制定过程可能会受到个人偏见的影响。其中包括：

- 预先相信你的解决方案是唯一可行的解决方案。
- 不支持与你结论不同的证据。
- 忽略问题的根本原因。
- 拒绝寻找支持决策的数据。
- 忽略决策错误对项目的影响。
- 害怕陈述观点，倾向于支持你认为会提供最佳方法的人。
- 害怕做决策，担心可能做出错误决策。
- 害怕自己的想法被批评。
- 不愿意进行思考方式的创新。
- 采用一种不切实际的决策方式。
- 选择性感知，只看你熟悉的信息和备选方案。
- 在明显感觉到决策可能错误的情况下，也要做出其他人期望你做出的决策。
- 做出符合个人利益而不是项目最佳利益的决策。
- 在自己熟悉的小事或不重要的事情上花费过多时间，而不是专注于关键问题。

仓促做出决策的危险

项目的制约因素通常使项目经理不得不仓促做出决策。仓促做出决策有时是必要的，但结果可能是有害的。仓促做出决策可能导致：

- 项目后期出现更多的问题。
- 返工导致成本超支和进度延迟。
- 过度加班。
- 客户和干系人对你的能力失去信心。
- 对问题解决和决策制定过程的信心不足。
- 人力曲线有波峰和波谷，而非平滑的曲线。
- 治理委员会更多地介入。
- 会议增多。
- 报告要求增多。
- 客户拒绝可交付物。

简而言之，仓促做出决策是有风险的。

决策风格

做决策不是容易的事。有时候，决策者必须在准备不足、只有部分信息的情况下做出决策。此外，在某些情况下，不采取任何行动可能是最好的决策。如果团队认为他们可以应对当前的问题，那么团队可能会等待并观察问题是否会恶化，然后再做出决策。

每位项目经理在决策方面都有自己的方法，而这还可能会因项目而异。项目经理的决策风格取决于问题的定义和必须做出的决策类型。尽管有些方法效果很好，但也有一些方法往往会带来更多的弊端。

第9章 与决策制定相关的概念

关于决策的教科书中提供了几种不同的决策风格。对于项目经理而言,最常见的五种风格包括:

- 独裁型决策者。
- 恐惧型决策者。
- 犹豫型决策者。
- 民主型决策者。
- 自我型决策者。

独裁型决策者

独裁型决策者通常不信任团队中的任何人,即使风险很大,讨论问题的时间很少,也会自己做出决策。在这种风格中,项目经理完全掌控决策,团队成员可能因为害怕被项目经理嘲笑而不愿提出想法或建议。在某些情况下这种风格可能很高效,如需要迅速做出决策的情况下,但它可能导致团队参与和创造性的不足。独裁型决策者认为自己的决策是唯一正确的,即使被要求,团队成员也可能不愿贡献想法。

当项目经理是决策领域的专家时,独裁型风格可能有效。但总体而言,如今的项目经理对技术只是有所了解而非精通。因此,在缺乏与问题和解决方案相关的技术知识的情况下使用独裁型风格虽然可能加快决策速度,但往往得不到最优选择。

大多数时候,独裁型决策者更愿意独自做出决策,不接受他人的意见。他们会基于直觉当场做出决策,这往往是一种碰运气的方法。

恐惧型决策者

独裁型决策者会在短时间内快速做出决策,无论是对还是错,而恐惧型决策者则害怕做出错误的决策。这通常被称为"鸵鸟"式的决策方法。在这种情况下，项目经理会把头埋在沙子里，希望问题会自己消失，或者人们会忘记问题。项目经理还希望奇迹般的解决方案会自行出现，以致根本不需要做出决策。

有时，恐惧型决策者会采取拖延的方法，等待足够的（或至少是最低限度的）信息，以便能够做出决策。这并不一定意味着回避决策。恐惧型决策者知道，最终还是要做出决策。

恐惧型决策者害怕做出的错误决策可能对他们的声誉和职业生涯产生严重影响。决策者可能不会邀请团队提供备选方案和建议，因为那将表明存在问题，必须做出决策。决策者甚至会将有关问题的信息暂时隐瞒，不上报给高级管理层。

在这种情况下，项目经理可能会试图与他人共担决策责任。项目经理可能更愿意让某人充当决策制定团队的负责人，如果必须做出决策，项目经理将始终主张这是一个团队决策，而非个人决策。项目经理将尽量避免对决策承担个人责任和义务。

作为项目的一个制约因素，时间是很宝贵的。采取观望的态度来做决策可能会浪费宝贵的时间，而这段时间本可以用来轻松解决问题。此外，我们等待做决策的时间越长，备选方案就越少。

犹豫型决策者

犹豫型决策者与恐惧型决策者类似。项目经理不仅想做决策，而且想做出完美的决策。项目经理不断地召开会议，讨论同一个问题。每次会议似乎都从不同的角度讨论问题和可能的解决方案。项目经理给团队成员分配工作，让他们四处寻找额外的信息来支持完美的决策。

犹豫型决策者愿意做出决策，但会花费大量时间寻找每个人都会同意的完美决策。决策者愿意违反项目的时间限制来实现这一点。决策者还可能相信，如果他们有足够长的时间思考问题，问题可能会消失。

第9章 与决策制定相关的概念

即使项目经理是问题所在领域的专家,他也可能采用犹豫型决策风格。项目经理需要来自团队的支持,可能还包括来自上级的支持,以确保做出最佳决策。在项目经理看来,决策可能比项目的结果更重要。

民主型决策者

民主型决策者允许团队成员参与最终决策。团队成员的投票对决策至关重要,投票甚至可能是强制性的。公司可能会使用指导方针或模板这种结构化的方法。即使项目经理是问题所在领域的专家,有权独自做出决策,也可能会安排投票。

民主型决策可能带来长期的问题。团队成员可能认为他们应该参与未来的所有决策,即使他们对问题的了解有限。当要求团队成员就问题的解决方案进行早期投票时,如果团队成员不愿根据不完整的信息做出决策,这可能会产生问题。等待太久会使决策受到限制,这让项目团队感到沮丧,因为他们花费了太多时间过度思考问题和解决方案。

民主型决策如果使用得当,是一种强大的激励工具。例如,如果项目经理认为自己已经知道应该做出什么样的决策,向团队征求意见并赞扬提出相同想法的团队成员是一个很好的方法。这将鼓励人们参与决策,并让他们相信自己的贡献会受到赞扬。

自我型决策者

在做决策时,每个人迟早都会面临这样的情况,即个人的价值观和组织的价值观哪个更重要。这种情况通常迫使人们在支持自己或组织之间做出选择,并且有可能无法妥协。

这样的冲突类型可能涉及所有的管理层级。高管可能会为了他们的养老金而做出符合个人利益而非公司最佳利益的决策。一位高管希望以"高速交通的先驱者"的身份被铭记。在实现个人雄心的过程中他牺牲了他发起的项目和公司的利益，差点使公司破产。

自我型决策者似乎专注于短期内对自己最有利的事情，并经常忽视对项目最有利的事情。在项目环境中，如果团队成员、干系人、客户和项目发起人都希望以符合自己最大利益的方式做出决策，这可能使决策变得非常复杂。由于多方参与，通常会达成次优的解决方案，最终结果可能令各方都感到不满。遗憾的是，出于对项目最大投资方撤资（项目可能会被取消）的担忧，决策者会做出符合最大投资方最大利益的决策。

决策的授权

高效的管理者，包括许多项目经理，在必要时会将决策权和责任授权给下属。在项目管理中，由干系人做出很多决策的现象并不罕见。高效的管理者不会做出由下属、上级、同事或干系人提交的每个决策。明智的管理者会保留自己的时间和精力，专注于那些属于自己决策权和责任范围内的决策。每个提交给管理者的决策都应在以下背景下进行评估：这是我应该做出的决策，还是组织内的其他人有责任做出这个决策？

重要的是，管理者要识别哪些决策必须由自己做出，哪些决策需要推至更高层级，以及哪些决策可以授权。将决策推至更高层级不应该是推卸责任，而应该清晰地表明在管理者层级无法做出决策的原因，同时明确要求由更高层级的人员做出决策。

确定是否应将决策推至更高层级的一些问题包括：

- 组织内其他部门或干系人的组织是否受到影响？
- 决策是否对主管的责任范围产生重大影响？
- 是否只能在更高层级才能获得信息？

第9章 与决策制定相关的概念

- 是否存在与现有业务战略的重大偏离？
- 这个问题是否属于这个职位的权力与职责范围内？

决策制定的选择要素

有时人们会基于对备选方案的非正式评估做出决策。这样的决策很容易做出，而优质的决策则更加困难。决策者面临的每个决策情境都包含四个基本选择要素：

- 决策者想做什么。
- 考虑到可用资源，能做什么。
- 为满足伦理和道德义务应该做什么。
- 为履行现有义务，如使命、短期目标、长期目标和战略分配资源，必须做什么。

无论决策过程多么理性，决策者都会受到这些选择要素的影响。基于"想做""能做""应该做""必须做"中的任何一个方面单独选择某个要素，都可能引导组织在未来朝不同的方向发展。如果组织中的决策者基于个人欲望选择一种行动方案，可能导致组织的低效。例如，如果产品设计工程师选择他自己喜欢的产品设计方案，但该方案降低了质量标准，那么产品失败的概率就会增加。如果生产经理在生产工作站的设计中忽视了OSHA标准，那么工人受伤的概率就会增加。选择一种不支持现有组织战略的行动方案将在组织中引发混乱。如果组织的能力无法支持新的战略方向，那么要么必须调整能力以符合新的战略方向，要么必须改变方向。

决策者无法将决策过程与决策所在的组织环境分开，也无法与决策的执行环境分开。与决策者共享资源的人，如果有机会参与决策，可以帮助决策者评估决策的"想做""能做""应该做""必须做"的要素。

人们在做出纯客观决策方面存在局限性。决策者从来没有足够的信息来做出决策。相反，决策者是基于"有限理性"进行决策的，也就是说，决策者收集相关信息，并在该信息设定的范围内做出决策。决策者面临的另一个限制是直接收集信息的能力有限。决策信息来源于其他人提供的内容。组织中决策者的层级越高，他们就越依赖下属提供的信息。

决策者会在某种程度上基于自身利益做出决策，以防止对其决策权的挑战。因此决策者会隐藏决策需要的信息，不进行信息传达，或者扭曲信息的内容。人们的政治行为往往会导致"满意即可"而不是从决策中最大化收益。决策者总是受到其价值观和经验的影响。

决策者必须考虑决策将如何影响自己的职业生涯。在有选择的情况下，决策者将基于什么最有利于保持他们在组织中的地位而做出决策。

决策制定的挑战

成功管理项目团队需要高级管理层的支持、充分的角色定义和明确的任务边界等。项目经理对团队的反馈也是必要的，这样团队就知道他们在完成既定目标方面表现如何。

在团队管理中，参与决策制定的需求是明确的。团队领导者和团队成员应该意识到团队决策中的一些困难：

- 团队成员选择不当。
- 团队缺乏分析问题的相关信息。
- 团队成员缺乏兴趣或关注不足。
- 团队成员认为他们的参与毫无意义，因为决策者会在不倾听他们建议的情况下采取行动。
- 决策讨论过程中的人际冲突可能导致危险。如果团队成员间的互动导致人们相互对抗而不是解决问题，就会形成不良的文化氛围，从而对决策的质量产生不利影响。

第9章 与决策制定相关的概念

- 团队领导者或其他成员的主导可能降低不太自信的成员的参与度。
- 团队领导力不足,没有明确问题和决策参数,未能鼓励分析、总结进展(或缺乏进度信息)或统一团队工作并推动决策的制定。
- "群体思维"的危险,这是由于团队内部压力导致的心理效率、现实检验和道德判断的恶化。

如果团队对达成共识的渴望超出了有效决策的需要,"群体思维"可能损害理性决策过程。

决策制定挑战的案例

有时,在团队必须做出的决策中存在挑战,而且在很多时候完全由项目经理做出决策。以下案例都是真实的。

工作与生活的平衡

无论高管多么频繁地告诉你,你的项目对公司的成功至关重要,并对你施加压力,家庭都比任何项目更重要。问题是,你是否应该做出可能影响家庭的决策。

几年前,一位项目经理挽救了一个陷入困境的项目,并因成功做出决策而获得奖励。当别人问他如何做到时,他说他是第三位负责管理这个项目的项目经理。第一个项目经理被解雇了。第二个项目经理是他的好友。他亲眼看着他的朋友被救护车接走。他表示这种情况绝对不能发生在他自己身上。

在他与团队的第一次会议中,大多数团队成员一直在加班加点地工作,并在管理层的压力下追求更好的结果,他想知道要扭转当前局面他可以做出哪些决策。

他告诉团队停止加班。他还告诉团队在接下来的几周里停止在他的项目上的工作,利用休息时间与家人相聚。

团队简直不敢相信他们听到的内容。项目经理在接下来的两周里深入地了解项目，以及相关的问题和风险。两周结束时，整个项目团队都来到他的办公室，并问道："我们能做些什么来帮助你扭转这个项目的局面呢？"

这个项目从潜在的灾难转变为成功的范例，项目经理也获得了奖励。在颁奖致辞中，项目经理表达了对团队的感激之情，并表示没有他们的帮助他无法取得成功。团队非常感激项目经理能够照顾他们的感受，并且表达了在工作和家庭生活之间保持正确平衡的重要性。

另一种形式的工作与生活平衡

一个重要项目的进度已经落后了几周。附近城市的一个土坝突然决堤，导致城市中很多房屋被淹。项目经理的几名团队成员立即请求项目经理允许他们暂停工作一周，以帮助附近城市的教友重建家园。高管也希望项目经理做出这样的决策。

项目经理知道项目进度将进一步被推迟，但也相信员工无论如何都会在接下来的一周请假。项目经理将这个信息告知客户，并明确表示他授权和批准员工这样做。客户当然对这个决策感到不满。

最后，员工离开了两周而不是一周。当员工回来后，整个团队在接下来的几周都在加班工作，项目按计划完成。员工对项目经理做出的决策表示感激，并自愿再次为这位项目经理工作。

分享荣誉

在美国中西部的一个城市，一家公司最终完成了一个备受关注的项目，当地一家报社也在持续跟踪报道这个项目。当项目完成时，报社记者采访了这个项目的两位负责人，即项目经理和项目经理助理。这两个人的照片与采访内容一同被刊登在报纸上。

项目团队成员对于项目经理没有提及成功完成项目的团队而感到愤怒。团队成员认为，刊登团队的照片会更好。团队成员觉得他们被利用了，并表示如果有选择的话，他们绝不会再为这两个人中的任何一个工作。

公司很重视这件事，并做出了一个决策，即项目管理是一项团队工作，大多数情况下应该给予整个团队认可。

奖励个人

项目经理很少真正拥有对所有项目团队成员的任免和绩效评估权力，并且可能对团队成员的绩效评估流程没有直接或间接的影响。因此，在没有工资和薪资管理责任的情况下，往往很难奖励那些值得认可的人。

一个项目团队正在努力完成一个项目，以创造客户期望的商业收益和商业价值。其中一位"工会蓝领员工"认为，通过额外的努力，他可以显著提高成功的机会。几个月来，他一直在没有报酬的情况下加班工作。最终完成了项目，客户对结果感到满意。

公司中的每个人都知道成功主要归功于这位员工的个人努力。项目经理想以某种方式奖励这位员工，但由于工会合同规定了晋升和涨薪的标准，他无法做到。

项目经理不屈不挠，虽面临挑战，但仍向公司总裁建议，以表彰团队成员的卓越表现。总裁召开了一次包括整个团队的会议。他公开表扬了这位员工，递给了他一张公司信用卡，并告诉他带着家人去加勒比海度假六天，费用由公司承担。

工会主席写信给公司总裁，赞扬他在表彰和感谢员工为公司成功做出显著贡献时采取的方式。工会主席还赞扬了项目经理为表彰蓝领员工所付出的努力。员工们现在更愿意被分配到这位项目经理的项目中。

过度加班的风险

加班对许多项目来说是家常便饭，这可能会影响问题解决和决策制定。过度加班可能导致代价高昂的错误，从而导致进度落后及财务问题。在一个大型项目的加班期间，一位团队成员使用了错误的原材料来构建一个需要测试的产品。结果是灾难性的且代价高昂。

高级管理层召集整个团队开会，并想知道那位犯下重大错误的人是谁。在其他人回答之前，项目经理站起来表示，她为迫使人们加班而导致的问题负完全的责任。高级管理层充分理解项目经理的发言意图，决定不再寻找这个可能被解雇的人。员工们感激项目经理的挺身而出。

挑战员工

项目经理在出现问题时经常苦苦挣扎，不知道如何鼓励团队成员或从何处寻求帮助来做出决策。有时候，最好的支持可能来自将团队成员分配给项目的职能经理。例如，一位团队成员在寻找技术问题的解决方案时遇到困难。项目经理询问职能经理是否能在某种程度上协助该团队成员找到技术问题的解决方案。

职能经理与项目经理和员工召开了一次会议。职能经理看着员工说："你是我最优秀的员工之一，我知道你在寻找解决问题的方法。我相信你是处理这个任务最合适的人选。既然你不能解决问题，你认为我应该从我们部门里选谁来代替你，以便能更好地解决这个问题呢？"

这位员工感到前所未有的挑战，要求再给他一些时间。最终，这名员工解决了问题，项目也顺利完成。

问题讨论

1. 决策制定通常需要比问题解决花费更多时间，为什么？
2. 由谁决定决策制定会议的与会者与问题解决会议的与会者是否有所不同？应考虑哪些因素？
3. 决策制定可以采用哪些不同的方式？
4. 项目或企业文化是否会影响决策方式？如果是，是如何影响的？
5. 为什么存在许多不同形式的决策制定方式？能否确定选择方法的标准？

6. 在做出最终决策之前,是否可能需要进行几次决策会议?

7. 若决策会议中存在冲突,由谁解决?

8. 群体决策的一些优点和缺点是什么?

9. 影响决策制定的心理障碍的例子有哪些?

10. 你能否判断某人是否完全基于自身利益最大化而做出决策?

11. 组织决策会议面临哪些挑战?

参考资料

Cleland, D. I. and Kerzner, H. (1986). *Engineering Team Management*. New York: Van Nostrand Reinhold, pp. 230–234.

March, J.G. and Simon, H.A. (1958). *Organizations*. New York: Wiley.

Simon, H.A. (1957). *Models of Man: Social and Rational*. New York: Wiley.

Simon, H.A. (1977). *The New Science of Management Decisions*, rev. ed., Englewood Cliffs, N.J.: Prentice-Hall, p. 48.

第 10 章
决策制定的工具

日常生活中的决策制定工具

人们每天都在做决策,甚至并未意识到正使用决策制定工具。人们在日常生活中使用的一些决策制定的工具包括:

- 评估特定情况下的利弊。
- 选择发生概率最高的备选方案。
- 选择提供最大财务回报的备选方案。
- 选择在发生问题时造成最小损害的备选方案。
- 接受第一个看起来能够达到预期结果的方案。
- 遵循主题专家的建议。
- 使用掷硬币、洗牌等随机的方法。
- 祈祷、塔罗牌、占星术、启示或其他形式的占卜。

以上这些工具看起来都比较简单,人们也使用更加复杂的工具。

第 10 章　决策制定的工具

使用运筹学和管理科学模型

评估备选方案是决策制定过程中的重要步骤。定量技术通过模型来评估决策问题中的风险、不确定性和复杂性,为更好地评估备选方案提供了基础。定量分析提供了一种理性的方法,其将科学方法系统地应用于管理决策的解决方案中。定量技术为"凭感觉做决策"提供了替代方案;这些技术为决策者提供了在做决策时提高判断力的机会。最终决策始终基于判断力。

管理科学是一种仅通过数学或定量方法进行决策制定的方法。实际上,它远不止于此,它是许多哲学和技术在决策方面的系统化运用。

SWOT 分析

有许多工具可用于复杂的决策制定。SWOT分析考虑了在给定情境中的优势(Strengths)、劣势(Weaknesses)、机会(Opportunities)和威胁(Threats)。SWOT分析最初被用于战略规划,现在已经成为在项目或商业冒险中进行复杂问题解决的工具。SWOT分析会帮助人们明确问题或项目的目标,并确定有利和不利于实现该目标的内部和外部因素。

SWOT分析首先必须从定义当前问题的期望最终状态或目标开始。

- 优势:团队有能力解决问题的特征,如团队掌握的技术知识和专业知识。
- 劣势:可能阻止团队解决问题的特征,如团队缺乏技术能力。
- 机会:能帮助团队解决问题的外部机会。
- 威胁:外部风险或环境或干系人中可能对项目或业务造成不利的因素。

优势和劣势是评估内部资源解决问题能力的因素。机会和威胁是影响问题解决的外部因素。优势和劣势表明了你"能做什么",必须在考虑机会和威胁之前进行分析,而机会和威胁则表明了你"应该做什么"。拥有一个能够满足干系人需求的出色备选方案是有益的，只要你有合格的资源来执行它。

帕累托分析

帕累托分析是一种在决策制定中使用的统计技术，用于选择产生整体显著效果的有限数量的任务。比如解决一个问题，它采用了帕累托原则——通过完成工作的20%，可以产生整个工作80%的收益。在质量改进方面，大多数问题（80%）是由少数关键原因（20%）引起的。在问题解决中，通过完成工作的20%，可以获得80%的解决方案。

帕累托分析是一种正式的技术，适用于有许多问题待解决的情况。本质上，问题解决者会估计每个行动的收益，然后选择最有效的一些行动，这些行动提供的总收益接近最大可能的收益。

帕累托分析是审视问题原因的一种创造性方法，因为它有助于激发思考并组织思路。帕累托分析的劣势是其在最初排除的小问题可能会随着时间的推移变成大问题。它应与其他分析工具结合使用，如失效模式与效应分析和故障树分析。

这种技术有助于确定导致问题的前20%的原因，以解决80%的问题。一旦确定了前20%的原因，就可以使用石川图等工具来识别问题的根本原因。

多标准决策分析

多标准决策分析（Multiple Criteria Decision Analysis，MCDA）或多标准决策制定（Multi-Criteria Decision Making，MCDM）是一门旨在支持面临涉及众多且有时相互冲突标准的决策者的学科。这些相互冲突的标准可能包括降低成本、压缩进度、提高质量和最小化项目风险。解决一个问题就能同时满足所有标准是不可能的。MCDA的目标是在问题解决过程中凸显这些冲突，并找到一种妥协的方式。它是直觉和系统方法的结合。

第 10 章 决策制定的工具

当无法满足所有标准时，项目团队最终可能会基于直觉做出决策或选择首选备选方案。决策团队可能在做决策之前将选择范围缩小到一组良好的备选方案。这种技术已用于解决复杂的问题，通常能够帮助团队做出更明智、更好的决策。

与假设有测量数据可用的方法不同，MCDA中的测量数据是主观推导出的或被解释成各种偏好强度的指标。偏好因决策者而异，因此结果取决于决策者以及他们的目标和偏好。由于MCDA涉及一定的主观因素，实施MCDA的人的道德和伦理在MCDA结论的准确性和公正性中起着重要作用。与个人决策相比，在做出严重影响其他人的决策时，道德非常重要。

如今有许多MCDA/MCDM方法正在被使用。然而，即使完全相同的问题，使用不同的方法也可能产生不同的结果。换句话说，当使用完全相同的数据而使用不同的MCDA/MCDM方法时，即使非常简单的问题（具有很少备选方案和标准的问题），也可能会生成不同的解决方案。选择哪种模型最合适取决于手头上的问题，同时在某种程度上取决于决策者对哪个模型更为熟悉。对于上述所有方法，以及未包括在此列表中的方法甚至未来的方法，如何评估决策的有效性就成了一个问题。

配对比较分析

配对比较分析，也称配对选择分析，决策团队会两两比较备选方案以确定其相对重要性。决策团队在备选方案之间进行比较，然后对结果进行汇总以找到总体最优方案。该过程首先通过确定一系列合理的备选方案开始。每个备选方案都与其他备选方案进行比较，以确定在每种情况下的首选方案。然后对结果进行汇总，得分最高的方案就是首选方案。此方法可以由个人或团队使用。该方法可以通过制定比较的标准进行判断，也可以在团队进行开放式讨论后基于直觉进行判断。可以构建配对比较矩阵或配对选择矩阵来帮助进行此类分析。

决策树

决策树是一种决策支持工具，使用类似树状的图或模型展示决策及其可能的后果，包括机会事件结果、资源成本和效用。决策树展示了决策制定的算法。决策树能帮助项目团队在多个行动方案之间进行选择。决策树提供了一个高效的结构，可以列出各种方案，并调查选择这些方案可能产生的结果。决策树还有助于形成与每种可能的行动方案相关的风险和回报的平衡图。

决策树常常用于运筹学，特别是在决策分析中，以帮助团队确定最有可能实现目标的最佳方法。

在决策支持工具中，决策树（及影响图）具有以下几个优点：

- 简单易懂，容易解释。经过简单的解释后人们能够理解决策树模型。
- 将问题展开，以便可以分析所有的方案。
- 能直观地展示决策的结果。
- 在缺乏数据的情况下仍然具有价值。基于专家描述的情况（备选方案、概率和成本）以及他们对结果的偏好，可以产生重要的见解。
- 使用白盒模型。如果模型提供了特定的结果，那么人们就可以通过简单运算得出对于这个结果的解释。
- 可以与其他决策技术结合，如概率树。

影响图

影响图（Influence Diagrams，ID）（也称相关图、决策图或决策网络）是对决策情境的图形化和数学表示。它是决策问题的简单可视化表示。影响图提供了一种直观的方式来识别和显示基本要素，包括决策、不确定性和目标，以及它们之间如何相互影响。影响图是贝叶斯网络的一种，不仅可以对概率推断问题进行

第 10 章　决策制定的工具

建模和解决，还可以对决策问题进行建模和解决（遵循最大期望效用标准）。影响图在展示领域结构，即决策问题的结构方面非常有用。影响图包含四种类型的节点（决策、机会、确定性和价值）和两种类型的箭头（影响箭头和信息箭头）。

作为在不确定情况下的决策制定的图形辅助工具，影响图描述了在做选择时已知或未知的内容，以及每个变量对其他变量和选择的依赖程度（影响）。它以明确的方式展示了现象或情境的因果关系，有助于共同理解关键问题。

亲和图

亲和图是一种将口头信息组织成可视形式的技术。亲和图以具体的想法为起点，帮助扩展出广泛的类别。这与因果图相反，因果图从广泛的原因出发，然后细化到具体内容。你可以使用任一技术来探索问题的各个方面。亲和图可以帮助你：

- 组织和结构化导致问题的因素。
- 识别最需要改进的关键领域。

这项技术在有大量数据时非常有用。亲和图是一个用于组织想法和数据的商业工具。该工具通常在项目管理中使用，允许将大量来自头脑风暴的想法进行分类、审查和分析。

亲和图的好处包括：

- 将庞大或复杂的问题结构化。
- 将复杂的问题分解为各种类别。
- 就问题的解决方案达成共识。

博弈论

博弈论模型或博弈在项目管理问题解决和决策制定中的应用，使我们能够解决这样一类问题，即一个人在做选择时成功与否取决于其他人的选择。简单来说，这种技术考虑了外部参与者的反应。博弈论主要探讨客户和干系人对选定的某些备选方案可能做出的反应。

博弈论不仅在项目管理中使用，还在社会科学（尤其是经济学、管理学、运筹学、政治学和社会心理学）以及其他形式科学（逻辑学、计算机科学和统计学）和生物学（特别是进化生物学和生态学）中使用。虽然最初是为了分析一种竞争情况（一个人成功是以另一个人的失败为代价的——零和博弈）而开发的，但它已经扩展到可以处理多种互动类别，这些互动根据几个标准进行分类。这使得它适用于项目管理，特别是在存在多个干系人的复杂项目中。

成本效益分析

成本效益分析对涉及财务决策的问题最为有用。问题的备选方案所获得收益通常超过它们的成本。成本效益分析考虑的因素包括：

- 投资回报率。
- 净现值。
- 内部收益率。
- 现金流。
- 投资回收期。
- 市场份额。

其他难以量化但需要考虑的因素包括：

- 股东和干系人的满意度。
- 客户满意度。
- 员工留存率。
- 品牌忠诚度。
- 上市时间。

- 商业关系。
- 安全性。
- 可靠性。
- 声誉。
- 商誉。
- 形象。

名义工作小组

适用于项目管理的工作小组或名义工作小组，是指一个由跨学科的研究人员或主题专家组成的协作小组，他们汇聚在一起来识别和/或解决问题。这个小组可能包括外部顾问或供应商。工作小组的生命周期可以是一天或几个星期。因此，一旦工作小组为最初的问题提供了解决方案之后，就需要解散（或逐步淘汰）。

工作小组可能会召集一些主题专家（以及未来的专家）进行深入的研究。工作小组一般不会大量使用新手。工作小组偶尔会允许经验有限但充满热情的人加入。然而，这样的参与者应该作为观察员，并且是少数。

参与者必须充分认识和理解工作小组旨在成为合作和参与的平台。参与者代表不同领域干系人的利益和观点，这些领域碰巧对问题的解决方案有着切实的利害关系。因此，与所有干系人保持和加强沟通至关重要（这一责任是双向的——干系人分享他们在问题上拥有的信息、知识和专长）。

工作小组的每个成员可能会被要求向小组的其他成员展示他们的解决方案，并愿意接受建设性的批评。工作小组通常拥有迅速做出决策的优点，但也存在可能未考虑所有备选方案的缺点。

德尔菲技术

德尔菲技术是一种结构化的沟通方法，最初是作为一种系统化、交互式的预测和问题解决方法而开发的，该技术依赖于专家小组。专家可能不知道小组中的其他成员是谁，所有回答都是匿名提供的。

在标准的德尔菲技术中，专家在两轮或更多轮次中回答问卷调查。每一轮结束后，主持人提供专家小组上一轮的匿名预测（或问题解决方案），以及他们对自己判断的理由。鼓励专家根据小组其他成员的回答修改他们之前的回答。在此过程中，答案的范围将缩小，小组将趋于收敛到"正确"的答案。如果没有达到收敛效果，可能会要求小组选出下一轮的五个最佳备选方案。然后在下一轮中选择三个最佳备选方案。在接下来的轮次中选择两个最佳备选方案。最后，在满足预定义的停止标准（如轮次数、达成共识和结果的稳定性）后，根据最终轮次的平均分数或中位数确定结果。

德尔菲技术基于这样一个原则，即来自结构化群体的预测（或决策）比来自非结构化群体的预测更准确，这被称为"集体智慧"。这种技术的优势在于参与者可以在不受他人偏见或公开批评的情况下提供他们的答案。人们可以自由陈述自己的观点。不足之处在于该过程需要较长时间（时间对于大多数项目都很宝贵），而最佳方法可能是结合两种或更多的备选方案，而不是强迫人们仅选择一种方案。

其他决策制定工具

还有其他决策制定工具，其中一些可能需要较长的时间。

- 线性规划应用：包括运用管理科学和运筹学模型进行决策。
- 解决方案的试错：对于小问题而言，当因果关系相对明确时，这是一个有

第 10 章 决策制定的工具

用的方法。

- 启发式解决方案：类似于解决方案的试错，但可以通过实验来缩小备选方案的范围。
- 科学方法：适用于科学问题的解决，可能需要进行额外实验以确认问题和/或假设。

问题解决通常只涉及一种决策工具。大多数更复杂的工具需要耗费更多的时间和金钱，将它们结合起来使用可能是不切实际的。

▌人工智能

在过去的几年中，有许多文章讨论人工智能（Aritificial Intelligence，AI）将如何使项目管理领域受益。随着未来二十年技术的发展，预计人工智能将取代项目管理活动中许多简单、单调的任务（Grace等人，2018年）。人工智能最常见的应用领域应该是估算和控制项目成本与进度，以及通过分析员工的资质水平来管理资源的分配方面。预计人工智能的其他应用将包括风险降低实践、改进监督和控制、状态报告、异常识别以及项目之间的关联分析（Ong和Uddin，2020年）。

人工智能如今已经应用于各行各业。如Alexa、Siri、亚马逊的产品推荐、约会应用程序和健康追踪器等（Marr，2020年；Dalcher，2022年）。

人工智能的增长可以归因于几个因素，特别是：

- 技术的进步。
- 软件开发方面的发展。
- 数据库和商业智能系统的发展。
- 预测分析技术的发展。

伴随着不断的发展，公司的商业模式将受到干扰。项目管理领域将发生重大变化。不愿意或无法适应由人工智能实践产生的变革的公司可能无法生存。

许多期刊文章都在讨论人工智能应用的必要性。许多文章更关注人工智能的好处和适用领域，但很少花时间讨论公司可能面临的问题。本节的目的是讨论可能在短期内阻碍人工智能成功实施的问题和挑战，作为项目问题解决和决策制定的一部分。

客户反应

如果客户为内部客户，则更加容易支持项目使用人工智能实践。外部客户可能不会支持人工智能软件对其项目产生的影响和决策。

在竞争性投标实践中，承包商可能需要在建议书中说明其计划在执行客户项目时如何使用人工智能。客户对最终交付成果以及实现结果的方法都感兴趣。一些客户可能会对允许人工智能在其项目中做出某些决策而感到犹豫。在短期内，承包商可能会发现有必要采用两种形式的项目管理：传统的项目管理实践和人工智能项目管理实践。客户可以选择他们更喜欢哪种项目管理方法。

过去，客户通常不参与承包商做出的大部分决策。随着客户在项目管理方面知识的增加，客户的参与是有益的且受欢迎的。一些客户可能对他们在项目中的参与现在被人工智能实践取代感到不满。使用人工智能实践的承包商可能需要向客户解释人工智能将如何影响他们的项目。

项目管理成熟度

项目管理成熟度通常是指在项目管理中使用的程序、指南、流程、模板和清单等方面的持续改进工作。大约二十年前，各组织和专业协会，如PMI®，创建了项目管理成熟度模型（Project Management Maturity Models，PMMM）来帮助组织提高项目管理成熟度。

大多数成熟度模型基于问卷调查或评估工具，成熟度取决于公司与PMI®的《PMBOK®指南》中确定的流程、知识领域和其他领域的对齐程度。PMMM现在必须进行不断修订，以考虑人工智能实践对项目管理成熟度的影响，以及人工智能实践对一些关键决策能力的影响。并非所有知识领域都会同时受到人工智能实践的影响。最容易使用人工智能实践的知识领域可能是进度、成本和整合管理。即使与大量使用人工智能技术的领域存在关联，其他知识领域也可能更难接受人工智能实践。

培训项目经理

有许多大学和企业为项目经理提供培训项目。培训通常围绕《PMBOK®指南》和《项目管理标准》中的知识领域进行。然而令人遗憾的是，目前为止，与人工智能相关的概念尚未被纳入培训内容。

随着技术对更为简单或常规的活动和项目任务的取代，我们可以预期项目经理将被整合到项目管理的更高层次，如模糊前端项目选择和优先级排序流程、战略规划，以及与项目相关的战略商业决策。

为了理解人工智能的概念以及它在项目决策中的应用，项目经理可能需要接受包括与统计、软件开发、高级数据分析、趋势分析和数据直觉分析相关的工具的培训。由于问题和必要的决策可能基于项目的生命周期阶段而异，因此每个项目生命周期阶段的工具都可能有所不同。

人工智能相关的培训会收集公司内部和外部的信息与数据。因此，使用公司外部的培训师进行人工智能培训可能会有所限制，有可能只进行一些通用的人工智能知识培训。由于数据可能包含公司敏感信息，使用知识库中的信息进行培训可能只能由公司内部人员来完成，这是PMO的职责之一。

培训团队成员

在近五十年来，项目管理实践一直使用文档，如LRC图和RACI图来为团队成员分配责任。这些图在项目开始时绘制，并根据需要随项目的进展不断更新。

通过保存在文档中的信息，公司可以利用人工智能实践，基于历史数据为项目活动分配最有资质的资源。这个实践的目标是为合适的工作找到合适的技能，并确定是否存在资源短缺。除了技术，还可以收集其他信息，如员工历史绩效评估数据、教育背景、参加过的培训项目、过去与之合作过的员工/干系人，以及分配的项目类型。

尽管听起来是个好主意，但是让人工智能介入工作，团队成员可能不如项目经理那样开放。员工将面临两个问题：（1）担心人工智能会夺走工作；（2）害怕失败（Wang，2019年）。员工认为某些任务可能会为他们提供更多的职业发展机会，因此抵制由人工智能分配的任务。与过去不同，员工可能没有选择任务的权力。另一个担忧是，人工智能最终可能会做出过去由员工做出的决策，因此不再需要员工的工作。最后，人工智能可能做出员工可能不会做出的决策。如果决策对项目产生不利影响，员工可能会将其视为对自己能力的反映。

应该在所有的培训课程中表明员工将在工作中使用人工智能技术，以获取员工对人工智能软件和数据的支持与有效使用。

风险管理

项目团队对人工智能实践寄予厚望，希望人工智能实践能通过分析过去的数据并运行多种场景来降低项目风险，以确定最现实的结果和最低风险路径，从而实现更好的风险管理决策。然而，在实现这一目标之前，必须克服一些挑战。如今，所有项目似乎都受到VUCA环境的影响，以至于许多估算和预测只能凭直觉进行。减少不确定性可能是可行的，但不能完全消除不确定事件。

在所有风险分析活动中都必须存在一定程度的"人性"。即使数据库中存在大量数据，人类对决策过程的参与和理解仍是必要的。人工智能对任务的优化不会取代人类的参与。项目团队仍然需要行为技能，如冲突解决、情商、说服、团队建设和有效协作。

项目是由人管理的而不是工具。无论项目管理中包含多少技术，团队成员和干系人之间的协作与互动都不会消失。正如古普塔（Gupta，2020年）所说：

当与人打交道时，我们不能忽视人性的一面。人是社会性动物。我们希望彼此合作，而不仅仅是与机器合作。

项目管理中"人性"一面还需要评估人工智能做出的决策是否现实可行。项目团队必须确定人工智能的决策是否基于：

- 错误的信息；
- 不全面的信息；
- 冲突的信息；
- 过去正确的经验。

伦理

人工智能有望为项目管理社群提供更多可能的结果和更好决策的机会。人工智能分析并跟踪复杂的绩效数据，寻找趋势，并对项目的走向进行假设。输入系统中的假设数据不容易受到人为错误的影响，并且结果是按照道德和伦理标准计算的。正如达尔彻（Dalcher，2022年）所说：

人类很难承认和传达隐性知识。虽然机器更擅长通过观察和推理来捕捉我们无法用语言表达的内容，但我们通常不知道机器系统是如何做出特定决策的。

人工智能系统难以理解偏见以及基于偏见提供的建议。布莱恩约弗森（Brynjolfsson）和麦卡菲（McAfee）讨论了数据中可能存在的隐藏的偏见以及理解和纠正这些错误的困难。数据收集和数据分析始终容易受到人为错误的影响。人工智能无法判断是否缺少关键数据。所有的人工智能模型都需要大量信息。数据应该是多样化的并来自多个来源。从单一来源获取数据容易导致糟糕的决策。

在与研发、创新和新产品开发相关的项目中，可能缺乏可靠的人工智能预测所需的信息。此外，由于存在项目成功的多个定义，这可能使人工智能分析偏离正确的方向。例如，一家公司可能愿意投入大量资金在最初亏损的项目组合中，以进入一个新的市场。人工智能可能对这种战略不熟悉并错误理解了成功的真正定义。这可能导致人工智能软件得出错误的结论。如果数据库包含错误的信息，人工智能很容易出现错误。从法律上讲，如果做出错误的决策并导致不良后果，人工智能软件无法负责。

与人工智能伦理有关的另一个问题涉及数据库中信息的安全性。必须建立与信息保护机制及信息访问权限相关的安全标准。

人工智能渗透

人工智能渗透预计将成为未来二三十年内所有项目管理实践的一部分，由于可能会遇到显著的阻力，这个过程将缓慢进行。PMO很可能会带头，在可能遇到较小阻力的项目管理知识领域引入人工智能实践。之后，随着公司将培训计划的重点放在使用人工智能实践上，一旦员工认识到人工智能对决策、报告、预测分析和资源分配的影响，其接受程度应该会提高。

毫无疑问，人工智能正在变得越来越受欢迎，将成为每家公司持续改进的一部分，以保持其竞争地位。通过允许人工智能协助完成重复性或例行任务所节省的时间可以用于其他活动。然而，人工智能的实施并非没有风险和挑战。了解何时以及如何部署人工智能实践对于避免滥用人工智能系统并获得员工的接受是至关重要的。

问题讨论

1. 在进行决策时，何时应使用运筹学或管理科学模型而不是其他类型的模型？
2. 在什么类型的项目问题上应使用 SWOT 分析而不是其他方法？
3. 在什么类型的项目问题上应使用成本效益分析而不是其他方法？
4. 允许人工智能在项目中做出一些决策存在哪些风险？

第 10 章 决策制定的工具

参考资料

Brynjolfsson, E. and McAfee, A. (2017). The business of artificial intelligence: how AI fits into your data science team. *Harvard Business Review* 98 (4): 3–11.

Dalcher, D. (2022). The quest for artificial intelligence in projects. *Advances in Project Management Series*, *PM World Journal* XI (III).

Grace, K., Salvatier, J., Dafoe, A. et al. (2018). When will AI exceed human performance? Evidence from AI experts. *Journal of Artificial Intelligence Research* 62: 729–754.

Gupta, C.(2020). Artificial Intelligence (AI) influence in Project Management. P*M World Journal* IX (II).

Marr, B. (2020). *Tech Trends in Practice: The 25 Technologies That are Driving the 4th Industrial Revolution.* Chichester: Wiley.

Ong, S. and Uddin, S. (2020). Data Science and Artificial Intelligence in Project Management: the past, present and future. *Journal of Modern Project Management* 7 (4): 1–8.

Wang, Q. (2019). How to apply AI technology in Project Management. *PM World Journal* VIII (III).

第 11 章
预估影响

评估决策的影响

任何人都可以做出决策，但真正困难的是做出正确的决策。决策者常常缺乏如何评估决策结果或影响的技能。项目经理认为正确的决策可能在客户和干系人看来却有所不同。

在决策制定的过程中，项目经理需要预测那些将受到决策影响的人如何反应。在实施解决方案之前征求反馈似乎是一个不错的做法。但真正的决策影响可能要等到解决方案完全实施之后才能知道。例如，在新产品开发的过程中，营销部通知项目经理竞争对手刚推出了一款类似的产品，并认为必须在正在开发的产品中添加一些附加功能。然后项目团队添加了大量"花里胡哨"的功能，最终产品的售价高于竞争对手，回收期变得更长。当产品最终推出时，消费者认为额外的功能不值得花费额外的钱购买。

决策者在从多个待选项中做出选择时，可能无法评估或预测决策的影响，但

第 11 章 预估影响

在完全实施之前征求反馈是有帮助的。

创建影响结果表

如图11.1所示，影响结果表是选择备选方案的一个有用工具。对于每个备选方案，其结果会根据多种因素（如每个竞争性的制约因素）进行衡量。例如，一个备选方案可能对质量产生有利的影响结果，但对进度和成本产生不利的影响结果。大多数影响结果表通常是定量而非定性地确定影响。风险也是一个需要考虑的因素，但风险的影响通常是定性而非定量的。如果有三个备选方案和五个制约因素，那么影响结果表中可能有15个结果。确定了所有15个结果后，再将它们根据有利或不利的影响结果排名。如果没有一个影响结果是可以接受的，那么可能需要在备选方案上进行权衡。这是一个迭代的过程，直到找到一个能够达成一致的备选方案。

备选方案	进度	成本	质量	安全	整体影响
1	A	C	B	B	B
2	A	C	A	C	B
3	A	C	C	C	C
4	B	A	C	A	B
5	A	B	A	A	A

相互竞争的制约因素

A: 高影响； B: 中等影响； C: 低影响

图 11.1　影响结果表

项目团队而非外部专家负责创建影响结果表。项目团队成员更了解估算技术以及组织过程资产，这些工具可用于确定影响。

执行影响分析

在解决问题时，拥有几个备选方案是很好的。遗憾的是，最终选择的备选方案必须被实施，这也可能带来问题。

如图11.2所示，影响—实施矩阵是创建影响分析的一种方法。这个矩阵考虑了每个备选方案可能对项目产生影响的大小和实施的难易。

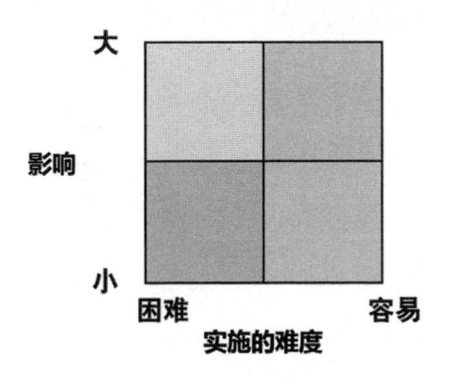

图 11.2　影响—实施矩阵

每个备选方案都在适当的象限中被标示出来。选择对项目影响较小且易于实施的备选方案是最明智的。但实际上，我们通常在这个象限中找不到太多备选方案。

实施解决方案的时间

我曾多次在会议上听到过非常好甚至是出色的解决方案。每个人都赞叹于解决方案的出色，但似乎没有人关心实施解决方案需要的时间。实施解决方案所花费的时间远远超过决策制定花费的时间。实施解决方案的时间应该考虑如下内容：

- 项目管理计划和基准是否必须变更？如果是，需要多长时间？
- 获得必要的额外资金批准需要多长时间？
- 当需要时，具有所需技能水平的资源是否可用？
- 加班是一个选择吗？
- 获取我们需要的材料需要多长时间？
- 在实施开始之前是否需要额外的审查和会议？

- 在实施解决方案时是否需要额外的审查和会议？

简而言之，做决策很容易，实施往往是困难且耗时的。

对项目成功和失败的定义正在改变

大多数人对于项目成功和项目失败的含义理解有限。项目问题解决和决策制定旨在实现项目成功。遗憾的是，关于成功有许多不同的定义，这影响了我们解决问题的方式。

传统上，项目成功被定义为在进度、成本和范围（或绩效）的三重制约因素内完成要求。这是大多数考试中期望学生给出的答案。与此同时，项目失败被定义为无法在进度、成本和范围内满足要求。遗憾的是，这些定义并未提供对项目状况的清晰图景或理解，无法判断是否做出了正确的决策，以及是否实现了成功。更糟糕的是，项目成功或失败的定义就像关于美的定义一样，因人而异。如今，我们终于开始审视项目成功和失败的定义。

历史视角

定义项目成功和失败的复杂性可以追溯到项目管理的早期。项目管理的诞生和初期发展始于美国国防部。由于拥有成千上万个供应商，美国国防部希望在项目绩效报告方面标准化。挣值管理系统（Earned Value Management System，EVMS）主要是为了这个目的而创建的。

为了使挣值管理系统有效，需要指标来跟踪绩效并衡量或预测项目的成功。每个人都知道衡量成功是复杂的，正确地进行衡量需要多个指标。遗憾的是，当时我们对指标和测量技术的理解相对较差。结果是实施了反转规则。反转规则规定，具有最高信息价值的指标，特别是用于决策制定和衡量成功的指标，应该避免测量或从不测量，因为数据收集很困难。因此应该使用像进度和成本这样最容易测量的指标。结果是我们花费了过多的时间在这些可能对决策制定与衡量和预测项目成功影响最小的变量上。对于挣值管理系统而言，实际上只有两个指标：进度和成本。挣值管理系统中的几个公式都是对进度和成本的控制。

项目成功的定义在很大程度上取决于挣值管理系统输出的信息，即进度和成本。进度、成本和范围的三重制约因素被确立为衡量和预测项目成功的标准。因此，解决问题的标准主要集中在三重制约因素上。

遗憾的是，即使我们相信已经解决了问题并做出了正确的决策，也往往会误入歧途。美国国防部与航空航天和国防工业的合同在很大程度上基于工程界的绩效。对于一般的工程师来说，三重制约因素中的每一个并不具有同等的重要性。对于工程师来说，范围，特别是技术成就，比进度或成本更重要。美国国防部试图强调进度和成本的重要性，但只要美国国防部愿意为成本超支和进度延迟买单，项目成功就是根据绩效的好坏来衡量的。更糟糕的是，许多工程师将项目成功视为要超出规格要求（使用美国国防部的资金）而不是满足规格要求。尽管三重制约因素被宣传为成功的定义，但实际上绩效成为唯一的成功标准。

对三重制约因素的早期修改

美国国防部为了绩效而容忍进度延迟和成本超支的态度，让项目管理界考虑可以增加一个制约因素，即客户接受度。项目通常是最独特的机会，你以前可能从未尝试过，也可能永远不会再尝试。因此，拥有可用于预测成功所需进度和成本的准确数据库是一种奢望。需要大量创新的项目显然容易受到这些问题的影响。更糟糕的是，进度和成本制约因素是由对项目管理复杂性知之甚少且从未参与过创新活动的人设立的。

人们开始意识到，精确满足进度和成本制约因素需要一定程度的运气。如果项目延迟一周、两周或三周，客户是否仍愿意接受可交付物？如果成本超支10 000美元、20 000美元或100 000美元，客户是否仍愿意接受可交付物？

许多公司改变了其对成功的看法，以至于成功的唯一定义变成了客户满意度或客户接受度。对于一些客户和供应商来说，与客户满意度相比，进度和成本微不足道。可交付物延迟或超出预算肯定比根本没有可交付物要好。

主要制约因素和次要制约因素的使用

随着项目变得更加复杂，组织很快发现，即使对三重制约因素进行了优先级排序，也不足以清晰地定义项目成功。这给问题解决和决策制定带来了挑战。除了进度、成本和范围，还有其他制约因素通常比这三者更重要。这些"其他"制约因素被称为次要制约因素，而进度、成本和范围被称为主要制约因素。典型的次要制约因素包括：

- 在项目完成时使用客户的名字作为参考；
- 获得后续工作的可能性；
- 财务成功（利润最大化）；
- 技术优势（竞争优势）；
- 美学价值和可用性；
- 与战略规划目标的一致性；
- 维持与监管机构的关系；
- 遵守健康和安全法规；
- 遵守环境保护标准；
- 提升公司声誉和形象；
- 满足员工的个人需求（晋升机会）；
- 支持和维护道德行为（萨班斯-奥克斯利法案）。

次要制约因素为许多公司带来了挑战，使问题解决和决策制定变得困难。创建挣值管理系统是为了仅跟踪和报告主要制约因素。为解决跟踪问题，公司创建了企业项目管理（Enterprise Project Management，EPM）方法论，这些方法论结合了挣值管理系统并跟踪和报告次要制约因素。对于一些公司来说，这至关重要，因为在某些问题上，次要制约因素可能比主要制约因素更重要。

从三重制约因素到竞争的制约因素

当PMI®发布《PMBOK®指南》（第4版）时，将术语"三重制约因素"替换为"竞争的制约因素"一词。由于制约因素数量的增加及其在定义项目成功方面的重要性，项目成功的定义变得更加复杂。众所周知，"被衡量的东西才会完成"。因此，很快出现了三个挑战：

- 必须以与传统跟踪进度和成本相同的方式跟踪每个新的制约因素。
- 为了跟踪新的制约因素，我们需要为每个制约因素构建测量指标。不能在没有测量指标的情况下来确认制约因素是否得到满足。
- 测量指标是用来测量的。我们必须了解用于跟踪新测量指标的各种测量技术，这些技术将用于预测和报告成功。

项目成功、测量指标和测量技术相互关联。在寻找解决问题的备选方案时，成功的定义现在变成了一个关键问题。

项目决策与政治问题

有几个因素正在改变项目管理的格局，其中许多已经在前面讨论过。这些因素包括：

- 如今我们在更多的项目上工作，特别是具有更多未知因素的战略和创新项目。
- 战略和创新项目的方向可能在项目的生命周期内发生变化，从而增加了必须做出的决策的数量。
- 项目的持续时间比过去更长。
- 员工更有可能是全职的而不是兼职的。
- 我们越来越多地使用灵活的方法，每个项目可以采用不同的方法和做出不

第 11 章　预估影响

同的决策。

- 干系人在项目决策中的参与度正在提高。

这六个因素有一个共同的特点：它们使项目的决策制定变得更加复杂，并且需要与团队成员、干系人和客户之间进行更多的合作。对合作需求的增加必然伴随着项目政治问题的增加。

许多人认为项目政治问题主要局限于跨国项目，在这些项目中，我们可能必须应对政治稳定性的问题。政治风险的结果可能是新的政党掌控政府，项目资金被削减，或者项目方向发生重大变化。政治风险还可能改变项目必须使用的原材料、原材料的来源（原材料来自的国家）以及项目必须使用的供应商。

在传统项目中，人们常常会将项目政治问题误解为自私的，会导致负面的结果，因此选择回避政治问题。过去，我们在解决伴随政治的风险时主要依赖项目发起人或治理委员会。今天，政治风险管理的责任落在项目经理的肩上，因为许多政治风险是由授权提供项目治理的人员的行动或请求造成的。每个项目都会有某种形式的政治问题。它也可能来自因个人隐藏动机而试图重定项目方向的客户及干系人。

我们现在生活在一个VUCA环境中，事业环境因素的影响正在增加。项目政治风险不再仅仅与跨国项目有关。在项目管理中往往将政治问题当作政治风险来管理，并将其纳入风险管理实践中。政治风险的结果可以通过改变实现原始商业目标的可能性来改变项目决策的结果。

项目进行的时间越长，掌握的信息越少（如在战略或创新项目中），就越需要尽快了解人们是否有个人或政治的潜在动机。信息的模糊性和不确定性越大，政治决策的风险就越大。当政治问题变得重要时，选择项目的人可能不会表达出所有他们真正关心的事情，因为他们害怕暴露自己真实动机。

项目经理必须学会在政治环境中管理项目。他们必须愿意了解干系人和决策者是谁，并制订干系人管理计划或政治计划作为项目沟通计划的一部分。

问题讨论

1. 为什么难以确定项目决策的影响？
2. 什么是影响结果表？何时使用？
3. 确定实施解决方案所需时间有多重要？
4. 为什么项目成功和失败有不同的定义？
5. 政治问题是否在做决策和选择最佳方案时变得更重要？如果是，项目经理如何解决这一问题？

第 12 章
有效倾听或积极倾听的必要性

积极倾听

为了高效解决问题和制定决策，人们必须具备良好的沟通技巧。良好的沟通技巧包括有效倾听或积极倾听。不当的倾听可能导致误解、许多代价高昂的错误、返工、进度延误及糟糕的工作环境的产生。不良倾听的结果通常是团队会议的大量增加和大量行动项的产生。这可能发生在《PMBOK®指南》中提到的任何知识领域。

积极倾听技巧使听众更容易理解、解释和评估所说的话。在问题解决和决策制定会议期间，积极倾听至关重要，因为它可以减少冲突，增强参与者之间的合作，并促进对问题的更好理解。

当人们互动时，他们通常不会专心倾听。这可能是因为他们专注于其他问题而不是正在说话的人。人们可能在想其他事情、对所听到的话进行判断、思考轮到自己说话时该说些什么，或者想不必发言的借口。避免这些心理活动并不容易。

积极倾听的肢体语言和沟通

积极倾听不仅包括听说话者所说的话，还包括解读肢体语言。有时候，人们的肢体语言提供的信息更为准确。

沟通的所有要素，包括积极倾听，在交流过程中都可能存在障碍，从而阻碍对话的顺畅进行。这些障碍包括分心、触发词语、不当的词汇以及有限的注意力持续时间。倾听障碍可能是心理性的（如情绪）或物理性的（如噪声和视觉干扰）。文化差异，包括说话者的口音、词汇和由于文化假设而引起的误解，经常会阻碍倾听的过程。听众的个人解释、态度、偏见和成见会导致沟通无效。

我们在讨论积极倾听的障碍时不应该只讨论听众，也应该注意到有时积极倾听的障碍是说话者创造的。当说话者不断改变话题，使用让听众困惑的词汇和表达方式，用不当或不必要的肢体语言分散听众的注意力，以及忽略征求反馈以确定听众是否真正理解信息时，就会发生这种情况。

由说话者造成的积极倾听障碍

由说话者造成的典型积极倾听障碍包括：

- 沟通中需要过多地记笔记，使听众无法消化材料或观察肢体语言。
- 允许不断地中断，这可能导致冲突和争论，或者允许中断使沟通偏离主题。
- 允许别人打断你，改变话题和/或为他们的立场辩护。
- 允许竞争性中断。
- 在可能存在过多噪声或干扰的环境中说话。
- 说话不停顿或说得太快。
- 不总结关键要点。
- 不通过问正确的问题征求反馈。

- 回答问题时略有偏离。

由听众造成的积极倾听障碍

由听众造成的典型积极倾听障碍包括：

- 注意力被干扰，不专注于说话者。
- 思绪飘散，目光游离，不保持专注。
- 不要求说话者对自己不理解的信息进行澄清。
- 多任务处理，如在说话者发表观点时进行阅读等任务。
- 不试图从说话者的角度看待信息。
- 让情绪影响思考和倾听。
- 急于发言。
- 急于结束会议。

克服积极倾听障碍

积极倾听障碍可以克服。为了利用积极倾听技巧来改善人际沟通，听众在对话中需要把个人情绪放在一边，提出问题并用自己的话复述给说话者以澄清理解，同时努力克服各种环境干扰。不要过早评判或争论。此外，听众应考虑说话者的背景，包括文化和个人背景，尽量从沟通中受益。眼神交流和适当的肢体语言也是有帮助的。重点是专注于说话者的发言。有时听众可能会抓到一些能帮助自己理解说话者的关键词。语调和语气也会让听众保持活跃，远离干扰。记录信息可以帮助记忆。

有效倾听的技巧

有效倾听的技巧可能包括：

- 始终面向说话者。
- 保持眼神交流。
- 观察说话者的肢体语言。
- 减少内部或外部的干扰。
- 关注说话者在说什么,而不评价信息或为自己的立场辩护。
- 对讨论的内容保持开放,即使不同意,也要试着理解说话者。
- 即使有不同的立场,也不要打断说话者。

问题讨论

1. 什么是积极倾听?
2. 积极倾听是项目经理应该具备的哪项主要项目管理技能的组成部分?
3. 请给出几个由说话者造成的典型积极倾听障碍的例子。
4. 请给出几个由听众造成的典型积极倾听障碍的例子。

第13章
障　碍

障碍的增多

项目管理协会（PMI®）最近庆祝了其成立50周年。尽管项目管理的大多数核心概念已经被认可并成功应用了几十年，但仍存在一些障碍，这些障碍可能会阻止项目管理的所有或特定组成部分的成功实施。这些障碍可能会导致问题解决和决策制定变得困难，甚至不可能。随着数字化、人工智能、物联网、大数据、区块链和颠覆性项目管理实践等新技术在项目管理环境中的应用，预计会出现新的障碍。了解这些障碍有助于我们预防或减轻其带来的影响。

直到大约10年前，对于这些障碍的识别和影响的研究似乎还比较有限。当时的文献似乎主要关注成功而不是失败，因为没有人愿意承认曾经犯过错误。今天，我们认识到，比起最佳实践和经验教训，我们可能会从失败和错误中发现更多持续改进的机会。

科兹纳和泽顿在2008年发表的一篇论文中重点关注了存在于新兴市场的障

碍。作者指出：

>计算机技术和虚拟团队的发展使世界变得更小。跨国公司正涌向新兴市场国家，以获取丰富且相对廉价的人力资源，这些人力资源希望能够参与虚拟项目管理团队。
>
>然而，跨国虚拟项目管理团队可能带来很多麻烦。由于全球范围内项目管理的增长，许多高管公开表示愿意接受虚拟团队，但在背后，他们设置了实质性的障碍，阻止其正常运作。这给那些必须依赖新兴市场国家的团队成员提供支持的虚拟团队带来了很大困难。
>
>有效实施项目管理的障碍在全球范围内存在，但在新兴市场国家，这些障碍更加明显。了解可能的障碍及其对项目管理施加的影响，使我们能够主动开始克服它们。

如今，先前主要存在于新兴市场国家的许多障碍现在在发达国家和使用项目管理几十年的领域中变得非常明显。障碍不再仅限于特定的国家或地区。某些障碍可能是特定行业的，出现在公司的某些职能领域，有些障碍是由于经理和高管的个人喜好而发生的。障碍可以随时随地出现。这些障碍似乎总是会阻止团队做出最佳决策。

一些行业似乎更容易受到项目管理实施障碍研究的影响。IT行业的障碍已经由特里奇（Terlizzi，2016年）、约翰森和古拉德（Johansen and Gillard，2005年）、汗（Khan，2011年）、汗和王（Khan and Keung，2016年）、波拉克和沃伊奇克（Polak and Wójcik，2015年）、卡尔瓦略（Carvalho，2014年）和尼亚齐（Niazi）等人（2010年）在文献中讨论过。研究和开发的障碍已经由桑托斯（Santos，2012年）、索默（Sommer，2014年）和萨凯拉里奥（Sakellariou）等人（2013年和2014年）讨论过。最近，布利克斯特和基里托普洛斯（Blixt and Kirytopoulos，2017年）对公共部门的障碍进行了研究。

另一个被经常讨论的行业是建筑行业，正如阿诺德和贾文尼克威尔（Arnold

第13章 障　碍

and Javernick-Will，2013年）、黄和谭（Hwang and Tan，2012年）、塞内西（Senesi，2015年）、卢肖恩（Loushine，2006年）、穆尔和戴恩蒂（Moore and Dainty，2001年）等人所指出的。一些作者专注于特定国家的障碍。例如，唐（Tang）等人（2007年）研究了中国建筑行业，而黄等人（2014年）研究了新加坡的小型建筑项目。马尼埃-渡边和本顿（Magnier-Watanabe and Benton，2013年）调查了日本工程师面临的障碍。

还有研究涉及影响《PMBOK®指南》某些知识领域或特定项目管理过程、工具和技术的障碍。库奇和霍尔（Kutsch and Hall，2009年、2010年）以及帕特森和安德鲁斯（Paterson and Andrews，1995年）研究了影响风险管理的障碍。安贝卡尔和胡德努卡尔（Ambekar and Hudnurkar，2017年）专注于六西格玛的使用。阿里和基德（Ali and Kidd，2014年）研究了配置管理活动，而黄等人（2017年）调查了影响可持续性工作的障碍。

影响项目管理的不同障碍有很多种（见图13.1）。本章简要讨论了一些对项目问题解决和决策制定影响显著的障碍。

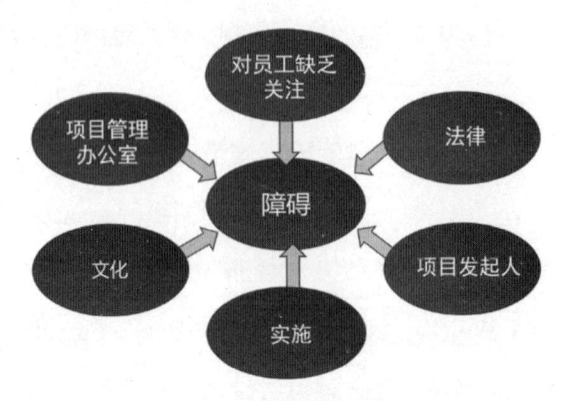

图13.1　障碍的种类

对员工缺乏关注的障碍

每当改变或引入新的管理流程时，无论是项目管理、敏捷、Scrum、六西格玛还是其他实践，我们都必须考虑对工资和薪酬管理计划及员工职业生涯的影响。员工希望通过良好的表现，包括他们解决的问题和他们做出的决策，来得到认可甚至奖励，遗憾的是，我们经常在引入或解决问题时不考虑对员工绩效评估的影响，直到产生了一些损害，阻止了变革的正确实施。结果通常是糟糕的决策制定。

有时会出现人力资源障碍，可能会造成项目利益与员工利益之间的冲突。项目团队通常意识不到障碍的影响，甚至直到项目结束才发现它的存在。在大多数情况下，如图13.2所示，结果可能是限制项目成功，甚至有可能导致项目失败，这取决于识别障碍的时间。

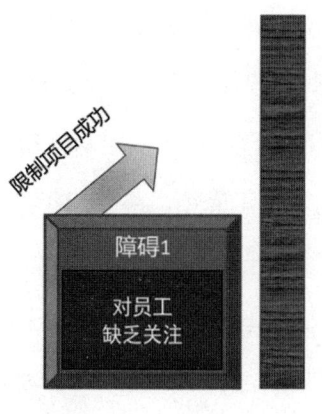

图 13.2 对员工缺乏关注的障碍

情况1（集中办公障碍）：一名在政府机构工作的项目经理负责一个为期两年的项目，希望有一个集中办公的团队。项目经理担心如果团队成员留在其职能部门内，职能经理可能会经常地将这些人分配到其他项目上，从而影响自己项目的进度。在项目人员配置的过程中，项目经理还要求得到最好的资源，他清楚地知道许多员工都能轻松胜任这些任务，人才并没有得到充分利用。虽然对最好资源的需求使项目受益，但其他需要具有这些特定技能的员工的项目会人手不足，面临困难。项目经理的决定可能使项目收益，但不一定使整个公司受益。

项目经理在一栋政府大楼里找到了一个空置楼层，所有的团队成员都被调往

第13章 障　碍

这个地方全职工作，尽管这项任务不一定要求全职员工。然而，即使员工从他们的职能部门中调出，他们的职能经理仍负责他们的绩效评估。

在两年时间结束后，项目成功结束。然而许多员工感到非常不满，因为：

- 两年期间，大多数员工在绩效评估中得到了中等的评价，这是因为他们的职能经理不了解他们的绩效。
- 职能经理在这两年内将晋升机会给了职能部门其他的员工。
- 一些员工发现，职能经理用其他员工填补了他们留下的职位空缺，这些现在被取代的员工需要在其他地方谋取职位，并且可能由此失去一些工龄。

在发达国家发生的情况1中，该项目取得了成功，项目经理获得了晋升。遗憾的是，团队成员认为在这个项目中工作对于他们的职业目标没有任何好处，并表示不希望再为这名项目经理工作。组织必须重新考虑使用集中办公方法的好处。障碍存在于任何地方。虽然项目经理做出的决定可能有利于项目和项目经理的个人利益，但同样的决定给公司带来了麻烦，并疏远了员工。

情况2（长期就业障碍）：一家位于新兴市场国家的政府运营的公共事业公司启动了一个为期3年的项目，建造一座新的发电厂。为了最大限度地降低项目成本并支持当地经济，公司决定使用当地和全国范围的劳动力，而不是从国外雇用更昂贵的承包商。这将为很多当地员工带来就业机会。

员工对就业机会感到高兴，但不知道项目结束后会发生什么。为了保证长期就业，以及可能的退休福利，员工开始放慢项目进度，做出可能导致返工的决策，并开始犯错。现在项目进度计划已经延长到了10年。该组织意识到这一决策的损害时已经为时已晚。

情况3（建立帝国障碍）：这种情况和情况2有一些共同点。在一些国家，你的薪资、权力和权威取决于你控制的"帝国"的规模，以及你被授权做出的决策类型。在这种情况下，雇用3名低于平均水平的员工来做同样的工作比雇用2名平均水平的员工更有利于打造"帝国"。此外，即使找到足够的人力资源比较困难，但有时公司并没有付出努力去寻找；公司的某些人员在招聘时首先会考虑自己的朋友和家人，无论他们的资质如何。在这种情况下，可以通过做出延长进度规划的决策来解决以上的问题，以便建立的"帝国"能尽可能长久。

情况4（加班障碍）：决定加班可能会带来麻烦。当团队面临保持进度的压力时，通常需要加班。然而在一些文化中，把加班当成了奖励制度，让员工有机会赚取额外的收入。即使不需要加班，员工为赚取额外的收入也会主动加班。

一些国家对加班施加了限制，特别是在有加班费的情况下，可能要求加班必须得到政府的授权。当政府担心加班时间如果延长，可能会创造出一个新的公民阶层时，就会出现这种情况。加班还存在一种危险，许多项目人员可能会故意犯错，来证明延长加班是合理的。

情况5（职业路径障碍）：一家政府机构发现，随着其开始将更多的工作外包给国内或非国内承包商，它评估项目管理绩效变得越来越困难，这是因为每个承包商都会以不同的方式报告状态。通过使用《PMBOK®指南》流程，一些承包商的项目管理水平似乎比其他承包商更高，但政府无法比较承包商的绩效。然后，政府鼓励所有承包商根据《PMBOK®指南》进项目管理，并强烈建议管理合同的个人获得PMP®认证。

虽然政府认识到在承包商组织中推广项目管理专业化的价值，但政府看不到公共部门项目管理专业化的好处以及对问题解决和决策制定的影响。公共部门项目经理更多地被视为项目监督员而非项目经理。政府人事管理办公室无法为政府项目经理撰写岗位描述，因为他们的职责、权力、责任和决策能力不符合其他工作描述的标准"模板"。因此，政府项目经理成了一个不可晋升的职位，可能会影响你的职业生涯。

情况6（认证障碍）：一个新兴市场国家认识到实施项目管理的好处，并鼓励政府承包商和政府机构支持使个人成为PMP®的培训计划。私营公司和大学都开展了培训计划。在大多数情况下，公司或政府机构会支付员工的培训费用。

第13章 障　　碍

这些人一旦成为PMP®，就开始要求公司加薪。公司认为，公司在他们的培训上投入的成本应该被视为近期的加薪，并且在未来还会有其他的经济利益。员工对此回应并不满意，并期望获得认证后立即获得经济利益。因此，员工在其他愿意为他们提供加薪的公司和国家找到了工作。在这种情况下，公司停止支付项目管理的培训费用，不再支持认证工作，并且在许多情况下不再鼓励项目遵循《PMBOK®指南》。

情况7（教育障碍）：一家公司认识到实施项目管理的必要性，派其员工参加培训计划。员工返回工作岗位时，期望能够运用在培训中学到的工具和技术。当员工发现公司不愿意实施他们学到的许多工具和技术时，他们就会寻找其他工作机会。

法律障碍

一些国家制定了法律，限制国家拥有的金融资源离开该国。这会产生如图13.3所示的障碍。国家可以对出境采购活动施加限制，也可以出台有关员工加班费的法律。

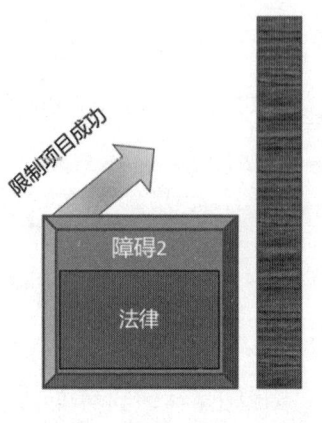

图 13.3　法律障碍

希望在这些国家开展业务的公司必须遵守这些法律，即使有些法律看起来不合适。例如，即使员工的表现不合格，员工也有权保住工作。有些法律甚至明确规定，在竞标活动期间的某些情况下，贿赂和"礼物"是合适的，从而滋生了腐败。

情况8（采购障碍）：一个新兴市场国家的政府希望限制从国外采购商品和服务。在竞标期间，政府要求公司准备一份国内合格供应商名单。即使国外供应商可以提供更高质量的商品和服务，项目经理也被迫使用国内供应商。更糟糕的是，政府还施加了额外的压力，要求选择失业率最高的城市的供应商，无论供应商的能力如何。

情况9（失业障碍）：一名项目经理迫于压力，与一个位于失业率较高的城市的供应商签订了采购合同。随着项目的进展，项目经理意识到她可以通过加班来加快进度。遗憾的是，加班费的授权需要政府批准。项目经理很快发现，政府不仅不会批准加班，而且不愿意让项目提前完成，也不愿意减少资源，因为这可能会增加社区的失业率。

情况10（僵化政策障碍）：一家公司获得了某国政府机构的合同，该机构采用严格的官方公共采购流程、规则和法律。法律环境造成了僵化的流程，《PMBOK®指南》中的许多传统流程（如变革管理活动）不符合政府的要求。为了遵守政府要求，项目的预算增加了，进度也不得不延长。

情况11（限制障碍）：由于政治因素或竞争因素，一些国家有可能出台相关政府政策，限制承包商与谁合作，无论是在政府机构所在的国家，还是在其他国家。有些政策甚至规定主承包商必须雇用哪些分包商，即使分包商对项目的利益和重要性与主承包商不同。

即使客户或政府机构遵循《PMBOK®指南》中的流程，仍然可能存在与决策制定标准、决策的时间和参与做出决策的各方相关的法律或政策。每个政府机构都可以对项目可交付物的验收/拒绝标准、质量评估以及与所需许可证相关的决策有自己的解释。不同国家之间可能存在的一些差异，包括：

- 客户需求水平、技术规范和质量要求的定义，因为当客户和承包商来自不同国家时会出现差异。
- 根据国家的适用法规和法律，获取许可证和建筑营业执照的流程与要求。
- 对项目及其可交付物的验收要求或条件的解释或协议。
- 在与客户谈判时，组织各个领域的参与程度，以及在项目范围变更方面的协商。
- 定义必须遵守的规范、法律、国际条约和规则。
- 在与其他国家打交道时，管理、行政和租赁机械设备的过程，以及与第三方达成的协议。
- 在其他国家市场上的现有机械、设备和软件的性能和生产力处于前沿，设法成功引入项目中。
- 通过经批准的变更请求，对风险、进度和项目资源影响的分析来定义和适当变更控制系统。
- 通过监督项目治理，并建立方法、流程、政策和信息系统的共同框架，创造项目管理办公室的价值。

项目发起人障碍

我们指定发起人（赞助人）或治理委员会来为项目团队提供与高级管理层的战略信息联系，为不能做出决策的项目团队提供帮助，协调大型干系人群体，解决只有发起人才能高效解决的问题。作为个人的发起人可能并不了解项目管理，或者不了解发起人的角色和职责，或者不了解项目治理与职能治理并不相同的事实。项目的问题解决和决策制定可能与职能团队的做法不同。此外，个人可能滥用职权，有隐含动机。无论如何，图13.4展示的障碍可能会阻碍项目管理的有效实施。

情况12（权力集中化障碍）：许多国家保持着一种文化，只有极少数人拥有决策权。在私营公司和政府组织中，决策权是巨大权力的来源。项目管理倡导权力和决策制定的分散化。在这样的国家，高级管理层永远不会将其权力和决策权交给项目经理。项目经理可能会成为"傀儡"，无法有效地管理项目。

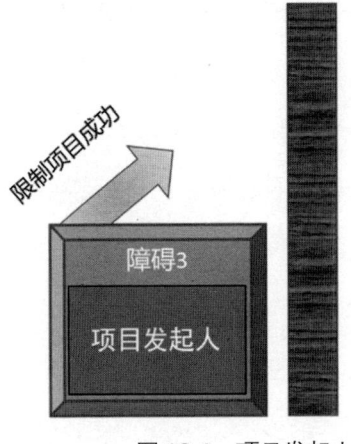

图 13.4 项目发起人障碍

情况13（缺乏高管赞助的障碍）：项目发起人可能在公司的某个层级，但通常不在高管层，原因有两个。首先，高管可能意识到他们没有对项目有用的知识。因此，他们可能会犯错，这些错误将会暴露给他们的上级。第二，可能最重要的是，作为项目的发起人，如果项目失败，可能会从政治层面上终结高管的职业生涯。因此，如果组织中存在发起人，通常在组织结构层次的较低层级，在这个层级的人员是可以"牺牲"的。结果是，发起人不能或不愿做出决策或在困难时帮助项目经理，然后组织就有了隐形的发起人。

情况14（组织结构层级障碍）：在传统的项目管理实践中，我们倾向于认为问题是在项目发起人层面解决的。但在那些严格遵循组织结构层级的国家，遵循指挥链可能会使项目管理流程延长，以至于进度计划变得无关紧要。此外，支持项目管理的基础设施可能只是用来过滤来自高管层的坏消息，并为职能经理的存在提供正当理由。一些决策和信息可能会传达到政府部长的级别。简而言之，项目经理可能不知道决策将在何时何地做出，也无法确定项目信息将最终传达到何处。在项目管理层可能存在着看不见的过度官僚主义。

情况15（高管层不安全感障碍）：高管可能会对担任发起人感到不安，因为他们的职位是政治任命的结果。此外，项目经理可能被视为未来的明星，因此对高管构成威胁。项目管理的实施可能会导致高管地位的丧失，而地位通常伴随着福利和其他特权。在高管考虑支持新的方法（如项目管理实施）之前，他们担心其对自己的权力、权威和晋升机会的影响。

情况16（社会义务障碍）：在新兴市场国家，由于宗教信仰和政治，社会义务是高管与赋予他们权力的人联盟的一种方式。因此，项目经理可能不被允许与某些可能拥有决策所需的关键信息的群体进行社交互动。与传统的项目管理实践不同，项目经理不经过发起人可能无法与每个人沟通。

情况17（教育缺乏障碍）：并非所有发起人都了解项目管理或有意愿参加项目管理课程。发起人对自己角色并不理解，他们主要关注如何更快地以更低的成本交付结果，而不考虑质量、风险或实现结果的最佳方式。有时，发起人会向客户承诺返工或额外测试，而不需要客户支付费用。这给需要做出有效决策的项目团队造成了混乱。

情况18（项目章程障碍）：缺乏对项目管理基本了解的发起人不愿意准备和签署项目章程，因为他们担心成本和进度估算不准确。这就迫使一些团队成员甚至干系人在没有事先获得授权的情况下开始执行一些任务。

实施障碍

大多数组织如今都明白有效实施项目管理可能带来的好处，但对获取这些好处所需的成本感到不确定。这就导致在解决实施问题和需要做出决策时产生了问题。因此，可能会对承诺产生顾虑甚至恐惧，从而产生如图13.5所示的障碍。人们常常担心的是，《PMBOK®指南》的读者认为必须实施所有的过程、输入、输出、工具和技术才能认识到这些好处。但事实并非如此。《PMBOK®指南》有一些扩展，可以根据特定需求进行裁剪。这可能是18页的Scrum指南变得流行的原因。

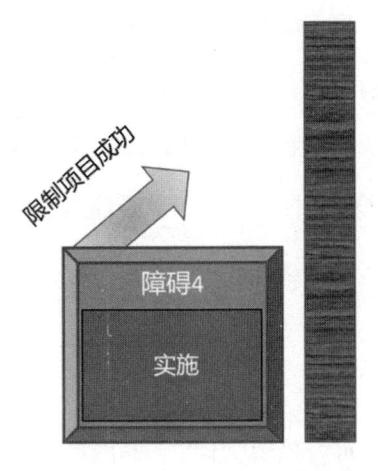

图 13.5　实施障碍

情况19（实施成本障碍）：实施项目管理的成本包括购买硬件和软件、创建项目管理方法论以及开发项目绩效报告技术。这些成本需要大量的财务支出，公司可能负担不起。公司还需要长时间将大量资源投入实施中。由于资源有限，而实施项目需要更好的人力资源，这些资源又必须从正在进行的工作中调离，因此，即使公司认识到了项目管理的好处，它们也可能避免实施项目管理。

情况20（失败风险障碍）：即使公司愿意投入时间和金钱实施项目管理，实施失败的风险也很大。即使实施成功，但由于各种原因，项目最终失败，责任可能也会被归咎于实施不当。随后高管们必须解释为什么花费的时间和金钱没有产生好的结果，他们可能发现自己在组织结构层级中的地位不再稳固。因此，一些高管拒绝公开支持项目管理。

情况21（培训成本障碍）：如果没有对员工进行培训，实施项目管理就会困难重重。这包括项目经理、团队成员和发起人。培训需求可能带来额外的问题。首先，需要为培训分配多少资金？其次，谁将提供培训？培训师的资质如何？最后，人们是否可以从目前的项目工作中解放出来参加培训课程？在项目管理中培训工作人员既耗时又昂贵。将实施成本和培训成本加在一起可能会使高管望而却步，不愿接受项目管理。

情况22（需求复杂性障碍）：项目管理的复杂性不仅体现在技术方面，还体现在人们合作的能力方面。在新兴市场国家，员工可能没有接受团队合作的培训，也可能不会因为他们在团队工作中的贡献而获得奖励。包括报告撰写在内的沟通技巧可能较弱。人们可能会将团队合作视为一种方式，通过它，其他人能够认识到自己能力的不足和错误。

文化障碍

可持续的项目管理成功需要一种合作的文化，团队成员在最有利于公司的情况下共同工作并做出决策。这通常是在不考虑权威、权力或薪资等因素的情况下实现的。合作文化通常决定了项目使用的组织结构层级。例如，矩阵型结构似乎在合作文化中效果最佳。然而，即使在合作文化中，如果员工感到受到威胁或有隐藏动机，如图13.6所示的障碍也可能会出现。

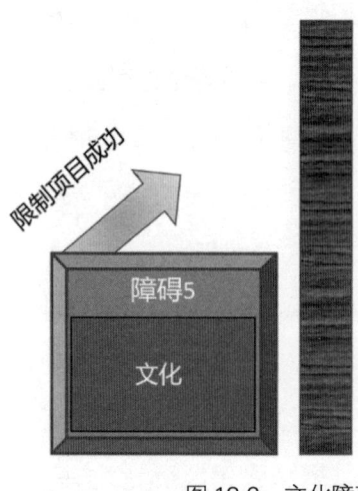

图 13.6 文化障碍

情况23（规划障碍）：如果一个组织缺乏项目管理的标准或承诺，那么规划过程可能会因工作量、持续时间和成本的估计不足而遇到困难。如果组织不支持使用方法论，文化障碍可能会发生。其结果可能是模糊的范围和需求。糟糕的规划通常意味着计划经常变更、不切实际的里程碑，以及各级管理层对项目管理能够成功的信心不足。如果存在计划可能失败的风险，员工可能会制造障碍，并找到借口表示他们无法参与规划活动。

情况24（烦琐的文书工作障碍）：当看到《PMBOK®指南》中的活动数量时，人们可能会担心花费过多的非生产性时间来完成所有必需的文书工作。如果组织相信"没有书面记录就相当于没有说"，那么障碍可能更大。

情况25（项目完成障碍）：随着项目逐渐接近收尾，工作人员开始担心自己的下一个任务。如果下一个任务不确定，他们可能会延长项目结束的过程。他们也可能在当前项目完成之前离开，以确保在其他地方就业。这可能给剩余的团队成员带来困难。

有时，人们在项目结束时缺乏投入。员工常常不愿意在项目结束时参与经验教训和最佳实践的总结。经验教训和最佳实践可以基于做得好和做得不好的方面。员工可能不希望有任何书面记录表明通过他们的错误发现了最佳实践。

情况26（管理储备障碍）：合作文化倾向于找到保护自己和同事免受某些风险、返工、估算不足和其他类似情况的方法。管理储备就是其中一种方法。然而，当客户认为管理储备仅仅是为了承包商的利益而不是客户的利益时，就会产生障碍。

情况27（PMP®认证障碍）：并非所有组织都鼓励其员工获得PMP®认证。认证的好处之一是更容易理解每个人的角色和职责，从而为创建合作文化奠定良好的基础。在非合作文化中，项目经理的角色变成了"消防员"。

项目管理办公室障碍

尽管存在多种类型的项目管理办公室（Project Management Office，PMO），但PMO的存在通常意味着有一个致力于持续改进项目管理的组织。PMO还可以

第13章 障 碍

参与许多必须做出的决策,并为问题解决和决策制定建立文档要求。遗憾的是,如果高管对现状和自己在公司中的地位感到满意,不希望有任何变化,他们可能会将PMO视为威胁。这一障碍如图13.7所示。

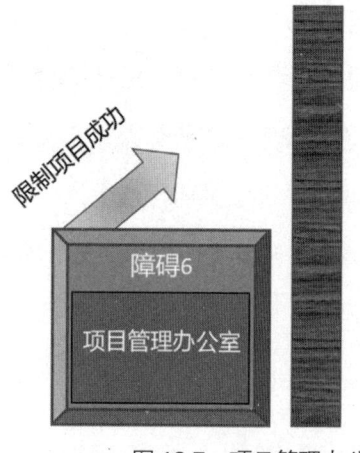

图 13.7 项目管理办公室障碍

PMO不仅可以推广有效的项目管理实践,还可以捕捉和分享最佳实践和经验教训,并验证一些决策。PMO还可以协助高级管理层监控可能影响决策的事业环境因素。在那些与恶性通货膨胀作斗争并必须迅速控制国家稀缺资源的国家中,这一点尤为重要。

情况28("信息即权力"障碍):当管理者认为信息即权力时,他们可能会制造障碍,阻止组织收集和传播信息。有时,会创建多个职能型PMO来集中职能信息并控制其发布。如果信息被视为权力的来源,职能部门之间可能会发生内讧,争夺各个PMO的控制权。

情况29(**PMO融资障碍**):所有的PMO都需要人力资源和非人力资源才能有效运作。资源需要资金支出。认为信息即权力的管理者总是会制造障碍,以证明不为PMO提供资金是有道理的。通过为PMO配备非合格人员或限制为PMO提供工具来制造障碍,以监督和控制项目。

结语

所有国家，包括新兴市场国家，都拥有尚未被充分利用的丰富的人才资源。障碍可能出现在任何组织中，正如前文所列举的那样，原因多种多样。虚拟项目管理团队以及对项目管理好处的认识可能是全面实施项目管理的起点。

随着项目管理的发展，高管将认识到并接受项目管理的好处，并看到他们的业务增加。合作伙伴关系和合资企业可能会变得更加普遍。阻碍项目管理成功实施的障碍仍然存在，我们也将学会在这些障碍和限制中生活与工作，并变得更加出色。

全球企业高管开始更多地看到项目管理的价值，并采取措施扩大其应用。一些快速发展的国家的高管似乎更加积极地提供所需的支持，以突破许多障碍。随着更多项目管理成功案例的出现，各个经济体将变得更加强大并且彼此联系更紧密。因此，企业高管将更加倾向于全面采用项目管理方法。

问题讨论

1. 实施项目管理存在障碍的原因是什么？
2. 这些障碍会影响有效的问题解决和决策制定吗？
3. 项目经理可以采取哪些措施来克服影响有效问题解决和决策制定的障碍？
4. 这些障碍会完全消失吗？

参考资料

Ali, U. and Kidd, C. (2014). Barriers to effective configuration management application in a project context: an empirical investigation. *International Journal of Project Management* 32 (3): 508–518. 11p.

Ambekar, S. and Hudnurkar, M. (2017). Factorial structure for Six Sigma project barriers in Indian manufacturing and service industries. *TQM Journal* 29 (5): 744–759. 16p.

Arnold, P. and Javernick-Will, A. (2013). Projectwide access: key to effective implementation of construction project management software systems. *Journal of Construction Engineering and Management* 139 (5): 510–518. 9p.

Blixt, C. and Kirytopoulos, K. (2017). Challenges and competencies for project management in the Australian public service. *International Journal of PublicSector Management* 30 (3): 286–300. 15p.

Carvalho, M.M.d. (2014). An investigation of the role of communication in IT projects. *International Journal of Operations & Production Management* 34 (1): 36–64. 29p.

Hwang, B.-G. and Tan, J.S. (2012). Green building project management: Obstacles and solutions for sustainable development. *Sustainable Development* 20 (5): 335–349. 15p. 3 Charts.

Hwang, B.-G., Zhao, X., and Toh, L.P. (2014). Risk management in small construction projects in Singapore: status, barriers and impact. *International Journal of Project Management* 32 (1) 116–124. 9p.

Hwang, B.-G., Zhu, L., and Tan, J.S.H. (2017). Green business park project management: barriers and solutions for sustainable development. *Journal of Cleaner Production* 153:209–219.11p.

Johansen, J. and Gillard, S. (2005). Information resources project management communication: personal and environmental barriers. *Journal of Information Science* 31 (2): 91–98. 8p.

Kerzner, H. and Zeitoun, A. (2008). Barriers to implementing project management in emerging market nations. International Institute for Learning (IIL) white paper.

Khan, A.A. and Keung, J. (2016). Systematic review of success factors and barriers for software process improvement in global software development. *IET Software* 10 (5): 125–135. 11p.

Khan, S.U., Niazi, M., and Ahmad, R. (2011). Barriers in the selection of offshore software development outsourcing vendors: an exploratory study using a systematic literature review. *Information and Software Technology* 53 (7): 693–706. 14p.

Kutsch, E. and Hall, M. (2010). Deliberate ignorance in project risk management. *International Journal of Project Management* 28 (3): 245–255. 11p.

Kutsch, E. and Hall, M. (2009). The rational choice of not applying project risk management in information technology projects. *Project Management Journal* 40 (3): 72–81. 10p. 4 Charts.

Loushine, T.W., Hoonakker, P.L.T., Carayon, P., and Smith, M.J. (2006). Quality and safety management in construction. *Total Quality Management & Business Excellence* 17 (9): 1171–1212. 42p. 1 Diagram, 4 Charts.

Magnier-Watanabe, R. and Benton, C. (2013). Knowledge needs, barriers, and enablers for Japanese engineers. *Knowledge and Process Management* 20 (2): 90–101. 12p. 5 Charts, 1 Graph, 6 Maps.

Moore, D.R. and Dainty, A.R.J. (2001). Intra-team boundaries as inhibitors of performance improvement in UK design and build projects: a call for change. *Construction Management and Economics* 19 (6): 559–562. 4p.

Niazi, M., Babar, M.A., and Verner, J.M. (2010). Software Process Improvement barriers: a cross-cultural comparison. *Information and Software Technology* 52 (11): 1204–1216. 13p.

Paterson, C.J. and Andrews, R.N.L. (1995). Procedural and substantive fairness in risk decisions: comparative risk assessment procedures. *Policy Studies Journal* 23 (1): 85–95. 11p.

Polak, J. and Wójcik, P. (2015). Knowledge management in IT outsourcing/offshoring projects. *PM World Journal* 4 (8): 1–10. 10p.

Sakellariou, E., Karantinou, K., and Poulis, K. (2013/2014). Managing the global front end of NPD: lessons learned from the FMCG industry. *Journal of General Management* 39 (2): 61–81. 21p.

Santos, V.R., Soares, A.L., and Carvalho, J.Á. (2012). Information management barriers in complex research and development projects: an exploratory study on the perceptions of project managers. *Knowledge and Process Management* 19 (2): 69–78. 10p.

Senesi, C., Javernick-Will, A., and Molenaar, K.R. (2015). Benefits and barriers to applying probabilistic risk analysis on engineering and construction projects. *Engineering Management Journal* 27 (2): 49–57. 9p. 5 Charts.

Sommer, A.F., Dukovska-Popovska, I., and Steger-Jensen, K. (2014). Barriers towards integrated product development – challenges from a holistic project management perspective. *International Journal of Project Management* 32 (6): 970–982. 13p.

Terlizzi, M.A., Meirelles, F.d.S., and de Moraes, H.R.O.C. (2016). Barriers to the use of an IT Project Management Methodology in a large financial institution. *International Journal of Project Management* 34 (3): 467–479. 13p.

Tang, W., Qiang, M., Duffield, C.F. et al. (2007). Risk management in the Chinese construction industry. *Journal of Construction Engineering and Management* 133 (12): 944–956. 13p. 1 Diagram, 8 Charts.

附录 A
使用《PMBOK®指南》

决策制定和《PMBOK®指南》

决策制定是所有项目管理的重要组成部分，也是《PMBOK®指南》各个知识领域的必要条件。《PMBOK®指南》为典型项目必须完成的任务提供了合理的路线图。

《PMBOK®指南》在帮助我们做出明智决策方面非常有用，特别是在识别"输入""工具和技术""输出"方面。然而，在涉及时间紧迫、更大的利害关系或不确定性增加的情况下，项目经理通常会使用直觉决策方法，不去权衡备选方案，不使用结构化的方法，并且通常会得出令人满意的行动方案。由于时间限制，决策可能必须仅基于部分信息做出。

然而，即使在这些情况下，熟悉《PMBOK®指南》的人也比不熟悉它的人能做出更好的决策。《PMBOK®指南》不太可能也无法提供如何处理每个问题以及如何做出每个可能决策的指导。但是，了解《PMBOK®指南》中的一些信息肯定比不了解任何信息要好。虽然存在一些结构化的决策方法，但并不适用于每种类型的项目问题。

问题解决与《PMBOK®指南》

《PMBOK®指南》是学习项目管理的优秀出版物，但正如其名称所示，它仍然是一本"指南"。《PMBOK®指南》不可能列出项目中可能发生的所有问题以及所有备选方案和决策。

每个项目都有其独特的特点和问题。一些公司要求项目经理记录项目日志。如果管理类似项目，新手或经验不足的项目经理可能需要阅读这些日志。这些日志通常记录了发生了什么问题，如风险，以及项目经理是如何解决问题和减轻风险的。

并非所有问题都具有相同的重要性。一些问题必须迅速解决，而其他问题可能可以推迟一段时间解决。并非所有问题都一定会导致项目失败，但它们在项目执行过程中可能会带来严重的困扰。其中一些问题可能无法解决，项目团队必须持"与问题共存"的态度。

在接下来的几部分中，列出了《PMBOK®指南》知识领域中可能发生的一些常见问题。再次强调，这只是可能发生并影响问题解决和决策制定的问题的部分列表。

《PMBOK®指南》：整合管理

整合管理中可能需要做出决策的潜在问题包括：

- 商业论证不清晰或缺乏商业论证。
- 工作说明书不明确。
- 未识别可能影响项目决策制定的事业环境因素。

- 客户和干系人需要状态信息，但这些信息不能通过正常的组织过程资产轻松获得。
- 决定项目期间是否应该逐步进行范围变更，还是后续作为改进项目。
- 在项目或生命周期阶段结束活动期间的验证和验证失败。
- 干系人使用不能彼此兼容的组织过程资产。

《PMBOK®指南》：范围管理

范围管理中可能需要做出决策的潜在问题包括：

- 无法识别所有干系人及其需求。
- 存在具有不同或竞争性需求的干系人。
- 无法让干系人就项目需求或行动方案达成一致意见。
- 无法决定使用哪些工具收集需求。
- 在需求跟踪矩阵中发现错误。
- 工作分解结构中缺乏足够的细节。
- 工作分解结构中包含过多的细节，导致职能管理人员和执行活动的人难以报告状态。
- 里程碑不断变化。
- 团队成员可能缺乏项目规划的经验。
- 规划过程不够系统化。
- 技术目标看似比业务目标更重要。

《PMBOK®指南》：进度管理

进度管理中可能需要做出决策的潜在问题包括：

- 客户要求更改项目结束日期（压缩或延长）。

- 使用错误的估算技术进行持续时间估算。
- 同意不切实际的结束日期，只是为了赢得合同。
- 确定最佳的进度压缩方法。
- 从过于详细的工作分解结构中确定活动列表存在困难。
- 无法准确估算活动资源。
- 项目估算是基于猜测，而不是基于历史或标准。
- 难以确定哪些工具和技术最适合估算持续时间。
- 进度计划中存在太多的紧前和紧后活动关系。
- 无法制订合理的应急计划。
- 需求不够明确，要求使用滚动式规划。
- 团队难以执行假设情景。
- 缺少开发进度计划所需的所有必要输入。

《PMBOK®指南》：成本管理

成本管理中可能需要做出决策的潜在问题包括：

- 使用过多的成本估算技术，每种技术产生不同的结果。
- 有一个估算组估算所有工作，而团队不相信他们能够按照提供的估算完成工作。
- 不断变化的资源可能影响成本估算。
- 基于不完整的需求进行估算。
- 预算超支且失控。
- 销售团队承诺为客户进行"零成本"范围变更，但额外费用实际上是相当显著的。
- 未给进行适当的估算分配足够的时间。
- 预算未考虑管理储备。

- 由于意外因素，管理储备迅速被消耗。

《PMBOK®指南》：质量管理

质量管理中可能需要做出决策的潜在问题包括：

- 对用于质量规划的工具和技术不熟悉。
- 使用错误的工具和技术。
- 没有质量规划的模板或清单。
- 客户和干系人似乎比项目团队更了解质量。
- 没有质量控制指标。
- 不进行质量审计。
- 向客户承诺更高水平的质量。
- 未能理解验证和确认活动中质量的重要性。

《PMBOK®指南》：资源管理

资源管理中可能需要做出决策的潜在问题包括：

- 资源匮乏。
- 资源缺乏经验。
- 不完全了解人员配置要求。
- 资源不断变化。
- 人员频繁调动，对项目进度缺乏考虑。
- 对项目的人力资源和组织方面缺乏重视。
- 与疲惫不堪的团队合作。
- 要求人员过度加班。
- 没有人员配备计划。

- 项目中没有认可和奖励制度。

- 人员是虚拟团队的一部分，但不了解虚拟团队应该如何工作。

- 不确定如何激励团队成员。

- 冲突太多，无法解决。

《PMBOK®指南》：沟通管理

沟通管理中可能需要做出决策的潜在问题包括：

- 终端用户未参与项目。

- 很少或没有干系人支持；缺乏所有权。

- 与干系人的沟通较少。

- 不知道哪些干系人是关键且有权取消项目的。

- 不理解不同类型的绩效报告。

- 没有建立沟通矩阵。

- 由于沟通障碍而不得不重复指示。

- 不知道如何进行有效的团队会议。

- 缺乏反馈导致对指令的理解不足。

- 选择错误的媒介传达关键信息。

- 收到对使用专有信息的错误指示。

- 不了解个性和感知障碍的影响。

- 不知道哪些团队成员有权代表职能经理做出决策。

《PMBOK®指南》：风险管理

风险管理中可能需要做出决策的潜在问题包括：

- 即使客户期望，也未制订风险管理计划。

- 不熟悉用于识别风险的工具和技术。
- 项目团队对风险管理及其重要性了解不足。
- 没有针对威胁的策略。
- 没有针对机会的策略。
- 虽然认识到风险，但不知道如何应对和控制风险。
- 不了解以前项目的风险，特别是那些可能对当前项目产生影响的风险。
- 未识别风险触发因素。
- 没有风险登记册。
- 没有为风险管理活动分配足够资金。
- 客户和干系人对风险管理了解不足。

《PMBOK®指南》：采购管理

采购管理中可能需要做出决策的潜在问题包括：

- 在自制或外购之间做出决策。
- 确定最佳的合同类型。
- 未能理解与风险相关的合同决策。
- 确定范围变更对合同的条款和条件的影响。
- 不了解客户的付款计划如何影响现金流。
- 不了解项目的采购需求如何影响现金流。
- 在投标人会议中发现建议书未包含关键信息。
- 不得不在单一来源和多来源分包商之间做出选择。
- 未能遵守客户对生命周期成本估算工作的要求。
- 未考虑禁止竞争和保密协议的后果。
- 未考虑豁免。
- 未考虑解决合同纠纷的过程。

- 未考虑变更管理流程。

《PMBOK®指南》：干系人管理

干系人管理中可能需要做出决策的潜在问题包括：

- 未能识别所有干系人。

- 不知道哪些干系人重要。

- 不知道哪些干系人有权参与决策。

- 未能创建权力影响方格。

- 不知道哪些干系人只是希望被告知。

- 不知道多久与干系人沟通一次。

- 未能识别是否有干系人可能有隐藏动机。

- 未将干系人参与作为项目沟通管理计划的一部分。

延伸阅读

Buchannan, L. and O'Connell, A. (2006). A brief history of decision making. *Harvard Business Review*: 32–41.

Drucker, P. (2008). Managing oneself. *Harvard Business School Books*: 1–72.

Einhorn, C.S. (2021). Myths about decision-making. *Harvard Business Review*: 1–7.

Einhorn, C.S. (2022). What are your decision-making strengths and blind spots? *Harvard Business Review*.

Greg, Z.F. (2009). *How to Solve Any Problem*. Lexington, KY: Cexino.

Hammond, J.S., Keeney, R.L. and Raiffa, H. (2023). The hidden traps in decision making. *Harvard Business Review*: 62–71.

Higgins, J.M. (2006). *101 Problem Solving Techniques*. Winter Park, FL: New Management Publishing.

Morgan, D.J. (1998). *The Thinker's Toolkit*. New York: Times Books.

Moore, M.G. (2022). How to make great decisions quickly. *Harvard Business Review*.

Proctor, T. (1999). *Creative Problem Solving for Manager*, 3e. United Kingdom: Routledge.

Snowden, J.D. and Boone, M.E. (2007). A leader's framework for decision making. *Harvard Business Review*: 149–154.

Vaughn, R.H. (2007). *Decision Making and Problem Solving in Management*. Brunswick, OH: Crown Publishers.

Watanabe, K. (2009). *Problem Solving 101*. New York, NY: Penguin Group.

William, J.A. (1999). *The Thinking Manager's Toolbox*. New York: Oxford Press.

反侵权盗版声明

电子工业出版社依法对本作品享有专有出版权。任何未经权利人书面许可，复制、销售或通过信息网络传播本作品的行为；歪曲、篡改、剽窃本作品的行为，均违反《中华人民共和国著作权法》，其行为人应承担相应的民事责任和行政责任，构成犯罪的，将被依法追究刑事责任。

为了维护市场秩序，保护权利人的合法权益，我社将依法查处和打击侵权盗版的单位和个人。欢迎社会各界人士积极举报侵权盗版行为，本社将奖励举报有功人员，并保证举报人的信息不被泄露。

举报电话：（010）88254396；（010）88258888

传　　真：（010）88254397

E-mail：　dbqq@phei.com.cn

通信地址：北京市万寿路南口金家村288号华信大厦
　　　　　电子工业出版社总编办公室

邮　　编：100036